T0098900

ÉTHIQUE DU SPORT

COMITÉ ÉDITORIAL

Emmanuel CATTIN
Sandra LAUGIER
Michel MALHERBE

assisté de
Gaël KERVOAS

TEXTES CLÉS

ÉTHIQUE DU SPORT
Morale sportive, performance, agentivité

Textes réunis et introduits par
Bernard ANDRIEU

PARIS
LIBRAIRIE PHILOSOPHIQUE J. VRIN
6 place de la Sorbonne, V e
2019

P. de Coubertin, « Les Assises philosophiques de l'Olympisme moderne »,
Message radiodiffusé de Berlin le 4 août 1935, *Le Sport Suisse*,
31ᵉ année, 7 août 1935.

A. Millat, *Éditorial de La femme sportive* (Organe mensuel de la Fédération
des Sociétés féminines sportives de France), 1ᵉʳ mars 1922.
« Le pouvoir international du sport athlétique féminin. La mainmise masculine
a été un échec retentissant », *L'Auto*, 15 février 1923.
Textes reproduits avec l'aimable autorisation des ayants droit d'Alice Milliat

M. Bernard, Chr. Pociello, G. Vigarello, « Itinéraire du concept
d'Éducation physique », *Esprit*, n° 5, Mai 1975.
Reproduit avec l'autorisation de la *Revue Esprit*

E. During, « Les trois corps de l'animal sportif »,
dans P. Blouin (dir.), *Des Corps compétents (sportifs, artistes, burlesques)*,
Villa Arson/Les Presses du réel, Dijon, 2014.
© Les Presses du réel, 2014

A. Marcellini, S. Ferez, M. Vidal et E. de Leseulec, « La chose la plus rapide
sans jambes. Oscar Pistorius ou la mise en spectacle des frontières de l'humain »,
Politix, volume 23 - n° 90/2010.
Reproduit avec l'aimable autorisation de la rédaction de *Politix*

« Moraliser, le mot est peut-être trop fort.
Je dirais plutôt défendre les valeurs du sport »
Michel Platini, *L'équipe*, 31 décembre 2011.

INTRODUCTION

LE CONTEXTE [1]

Depuis les années 80, le monde anglo-saxon [2] a publié nombre de journaux et collections touchant l'éthique du sport [3], thématique qui surgit à l'intersection de l'histoire du corps et de l'histoire de l'éducation physique, comme en témoignent les dérives totalitaires [4] et l'instrumentalisation du sport [5].

1. B. Andrieu (éd.), *Éthique du sport*, Lausanne, L'Age d'Homme, 2013, Introduction modifiée.

2. *Journal of the Philosophy of Sport* : http://www.humankinetics.com/JPS/journalAbout.cfm ; *Sports, Ethics and Philosophy* http://www.tandf.co.uk/journals/titles/17511321.asp ; International Association for the Philosophy of Sport : http://www.iaps.net ; British Philosophy of Sport Association : http://www.philosophyofsport.org.uk ; Ethics & Sport Book Series : http://www.routledgesport.com/books/series/Ethics+and+Sport ; AAFLA Sports Library http://www.aafla.org/5va/over_frmst.htm ; IOA (searchable archive of sessions and reports) http://www.ioa.org.gr/ special_sessions.htm

3. *Cf.* la base de données établie par Sylvie Parent en 2004 pour le gouvernement du Québec qui inventorie et présente les articles sur l'éthique du sport : http ://www.mels.gouv.qc.ca/sections/publications/publications/SLS/Recension_ecrits.pdf.

4. G. Bonetta, *Corpo e nazione*, Milan, Franco Angeli, 1990.

5. A. Krüger, « What the History of the Body and the History of Physical Education can Learn from one another », *in* G. Gori, Th. Terret (eds), *Sports and Education in History*, ISHPES-Studies, vol. 12, Academia Verlag, 2005, p. 388-396.

Plusieurs sortes d'éthique, du matérialisme à l'olympisme [1], sont soutenues dans ces travaux qu'il serait, comme le rappelle Michel Bernard à propos des modèles implicites du corps, « illusoire et mystificateur d'unifier, d'y chercher une cohérence » [2] ; elles sont complémentaires dans l'analyse des situations, même si chacune d'elle constitue une école et une méthode différentes, selon que l'expertise sera menée par telle discipline plutôt que par telle autre. On distingue ainsi :

– *Une éthique de l'habitus social* à la suite des travaux de Norbert Elias et de Pierre Bourdieu [3] : la socialisation dès l'enfance, à l'école et au club, doit favoriser l'incorporation des règles éthiques dans des *ethos*, *habitus* et attitudes spontanées en situation sportive. En respectant les règles du jeu sportif, la socialisation par l'*ethos* sera efficace si on obtient une imitation parfaite et une obéissance scrupuleuse. L'arbitre doit contrôler le respect de la règle.

– *Une éthique de la cognition morale* : le jugement de l'acteur(trice) ou de l'arbitre doit mettre en rapport le fait du jeu avec la compréhension morale de la règle, soit de manière autonome au sens kantien du terme soit par le moyen d'une instance extérieure (règlement, instances, chartes éthiques, comités, déontologie) qui contrôle la conformité à la règle.

1. B. During (éd.), *Valeurs de l'olympisme*, Paris, Insep, 1989.
2. M. Bernard, « L'ambivalence du corps », dans *Esprit*, n° 446, 1975, p. 738.
3. P. Bourdieu, « Comment peut-on être sportif? », *Questions de sociologie*, Paris, Minuit, 1980, p. 173-195 ; N. Elias, E. Dunning, *Sport et civilisation. La violence maîtrisée*, Paris, Press Pocket, 1986.

— *Une éthique se fondant dans la réglementation juridique* : les règles de droit de la justice sportive vont peu à peu remplacer les valeurs éthiques du sport car, étant si peu respectées, comme nous le montrerons dans la seconde partie de l'ouvrage, ces valeurs relèvent du jugement autorisé des comités d'éthique du sport, des fédérations ou des instances internationales comme le tribunal administratif du Sport (TAS) ou comme l'agence mondiale antidopage (AMA) qui sanctionnent les fautifs mais défendent aussi les droits et les devoirs.

— *Une éthique de l'éducation corporelle*, animée par la psychologie du sport de Georges Rioux et les sciences de l'éducation. Dans cette optique, l'éducation corporelle est pensée comme le moyen de redresser le corps par la discipline. L'historien Georges Vigarello avait suivi cette perspective, dès 1978 avec *Le corps redressé* ouverte par Michel Foucault en 1974 avec *Surveiller et Punir*. L'incorporation de techniques du corps relevant d'éducations corporelles différentes définit ainsi des styles sportifs.

Le monde francophone [1], qui s'est réveillé au début des années 1990 de son sommeil dans le domaine de la critique du sport, s'est peu à peu approprié plusieurs thèmes de ces recherches. En 2005, dans le numéro *d'Éthique publique* consacré à *l'Éthique du sport en débat. Dopage, violence, spectacle*, dirigé par Suzanne Laberge, Philippe Liotard et Joel Monzée, le constat avait déjà été fait que

---

1. J.-P. Callede, *L'esprit sportif. Essai sur le développement associatif de la culture sportive*, P.U. de Bordeaux MSHA, 1987 ; B. Andrieu, *Les cultes du corps, Ethiques et Sciences*, Paris, L'Harmattan, 1994.

les « autorités de régulation et des institutions propres au
sport sont censées garantir la pureté de la pratique et
l'honnêteté des acteurs du système des sports »[1] ; la pureté,
sinon la purification du sport par élimination des excès
(tricheurs, dopées, violeurs, harceleurs, racistes, trans-
genres, intersexés testéronés, homophobes, hooligans),
entretient l'illusion d'une éthique à retrouver.

La sportivisation (selon le néologisme inventé en 1973
par Henning Eichberg[2]) aurait pour effet de perdre le corps
dans les usages excessifs du sport, au point que l'équité
et la santé seraient à garantir à l'intérieur des frontières
tracées entre le licite et l'illicite, l'acceptable et
l'inacceptable[3]. L'Europe peut pourtant être garante de
l'éthique sportive par des règlements communs aux États
et fédérations mais aussi par le recours au Tribunal
administratif du sport[4].

Pourquoi l'éthique du sport[5], malgré la multiplication
des comités d'éthique, servant surtout à sanctionner, est-elle
si peu enseignée à l'université[6], en France du moins,

1. S. Laberge, P. Liotard, J. Monzée, « Introduction », *Ethique
publique*, vol. 7, n° 2, *l'Ethique du sport en débat. Dopage, violence,
spectacle*, 2005, p. 3-7.

2. H. Eichberg, *Der Weg des Sports in die industrielle Zivilisation*,
Baden Baden, Nomis Verlaggesellschaft, 1973 et *Bodily Democracy :
Towards a Philosophy of Sport for All*, London, Routledge, 2010.

3. C. Tamburrini, T. Torbiorn (eds), *Values in Sport : Elitism,
Nationalism, Gender Equality, and the Scientific Manufacturing of
Winners*, Londre, Spon Press, 2000.

4. « L'Europe, garante de l'éthique sportive? », *Les cahiers de
l'Université sportive d'été*, n° 15, Maison des sciences de l'homme
d'Aquitaine, 2002 ; D. Bodin, G. Sempé, G. *Sports et éthique en Europe*,
Strasbourg, Éditions du Conseil de l'Europe, 2011.

5. L.P. Bordeleau, *Quelle éthique du sport?*, Montréal, Éditions
Liber, 1991.

6. J. Ulmann, De *la gymnastique aux sports modernes. Histoire des
doctrines de l'éducation physique*, Paris, Vrin, 1997.

puisque, dans les pays anglo-saxons, la philosophie du sport[1] a été introduite depuis longtemps ? Nous voudrions présenter ici quelques arguments pour défendre la thèse de la difficulté pour l'éthique du sport d'exister sans une épistémologie du sport[2], en allant de la critique idéologique jusqu'à l'examen des problématisations de son objet. À force d'opposer deux morales, l'hédonisme esthétique et la limite de la performance comme nous le verrons en seconde partie, alors même qu'elles se combinent aujourd'hui, les pratiques sportives sont devenues le moyen pour le sujet contemporain de définir un *ethos* corporel propre. Par le moyen de l'agentivité éthique, comme nous le verrons en troisième partie, la production par les individus dans les normes sociales de l'apparence compétitive voudrait concilier « la recherche du confort et de la fonctionnalité »[3].

COMMENT DISTINGUER L'ÉTHIQUE DU SPORT DE LA MORALE SPORTIVE ?

La morale du sport[4] propose une axiologie à partir « de principes régulateurs », portée tantôt par un *a priori* optimiste sur les vertus bénéfiques du sport (courage,

1. B. Andrieu, « The Birth of the Philosophy of Sport in France 1950-1980. Part 1 : from Ulmann to Rauch through Vigarello », *Sport, Ethics and Philosophy*, 8 (1), London, Taylor & Francis-Routledge, 2014, p. 32-43.

2. G. McFee, *Ethics, Knowledge and Truth in Sports Research : An Epistemology of Sport*, London, Routledge, 2011.

3. M. Pages-Delon, « Hygiène, esthétique et soins corporels : des pratiques de construction aux morales de l'apparence corporelle », *Cahiers de recherches sociologiques*, n° 8, *Les gestions du corps. Du corps vu au corps construit*, 1988, p. 47.

4. « La morale du sport », dans *De la vraie nature du sport. Essai de déduction générale des catégories sportives*, Centre Lillois de recherche en analyse du sport-CNOSF, tome 1, p. 23.

volonté, esprit de désintéressement, détente), tantôt, dans l'esprit d'une critique absolue du sport, par une analyse pessimiste et par une valorisation conditionnelle subordonnée à l'hygiène, l'éducation ou les modes de transmission. L'éthique du sport, distinguée de la morale sportive[1], s'inscrit dans une philosophie du corps[2] par le biais d'une approche pragmatique des valeurs : la culture empirique du corps et ses pratiques physiques deviennent un problème éthique pour la philosophie si aucune solution interne aux règles du sport n'est suffisante à la régulation morale des situations problématiques.

Il convient de déconstruire les représentations sociales comme celles du capital corporel et de la culture corporelle[3], car elles ne suffisent pas à rendre possible l'analyse des problèmes issus de la pratique du corps dans le sport lui-même : il ne suffit pas d'avoir un corps beau et performant correspondant aux normes sociales pour qu'une adéquation performative soit immédiatement effective dans le milieu complexe des interrelations de toute pratique physique. L'image de la compétition impose une vision linéaire des activités sportives en condensant corps-performance et réussite : une approche plus empirique souligne les contradictions entre des valeurs comme santé/performance, bien-être/fatigue, entraînement/réussite, volonté/contrainte.

1. F. Bockrath, S. Bahlke, *Moral und Sport im Wertebewußtsein Jugendlicher*, Köln, Sport und Buch Strauß GmbH, 1996.
2. B. Andrieu (éd.), *Philosophie du corps. Expériences, interactions et écologie corporelle*, Paris, Vrin, 2010.
3. B. Michon, « Capital corporel et stratégies sociales : le cas des étudiants français en EPS », dans *Sports et sociétés contemporaines*, Actes du VIII Symposium International de l'ICSS, Paris, INSEP, 1983, p. 539-548.

Cette difficulté à tracer la limite entre le sport et l'activité physique se retrouve dans la performance compétitive lorsqu'elle est recherchée par chacun(e) dans l'amélioration de soi : l'institution d'un « *culte de la performance* » passe ainsi pour Alain Ehrenberg par « de nouvelles mythologies permettant à chacun de s'adapter à une transformation majeure : le déclin de la discipline au profit de l'autonomie. Épanouissement personnel et initiative individuelle sont les deux facettes de cette nouvelle règle du jeu social »[1]. Est-ce la poursuite de la performance sportive dans la recherche du bien-être ou la définition d'une éthique non compétitive et expérientielle qui fonde la pratique sportive ?

L'ÉTHIQUE APPLIQUÉE DANS LES CHARTES DU SPORT

Dans un tel contexte, la morale universelle du sport et ses valeurs sont justement dénoncées comme une illusion. Supposez qu'il existe une morale unique du sport : elle ne saurait se réduire au « plus petit dénominateur moral commun avec des formules banales et primaires dogmatiquement affirmées comme : ne pas tricher, ne pas être violent, ne pas se doper »[2]. Comme « morale de la soumission », soumission à la logique sportive compétitive, l'éthique du sport se résumerait à ce qui serait acceptable ou non en utilisant les limites du corps comme le moyen de définir un discours normatif. Ce sont les autorités juridiques plus que les acteurs du sport qui utiliseraient alors l'éthique comme un mode de contrôle des performances, comme une manière de régler les différends plutôt que

---

1. A. Ehrenberg, *Le culte de la performance*, Paris, Pluriel, 1991, p. 42.
2. B. Jeu, « Les degrés de l'esthétique dans le sport », *Sport et progrès de l'homme*, Paris, Éditions français réunis, 1976, p. 201.

« d'encourager l'éthique comme habitude du débat sur les valeurs, pratiques de la discussion en vue de l'adoption de principes partagés »[1]. Ainsi, la question du respect se trouve placée au centre de l'obéissance hétéronomique du sujet, s'imposant par une règle venue de l'extérieur dans laquelle, pour reprendre la distinction kantienne, chacun agit en se conformant à une règle. L'intériorisation de la règle est vécue comme une obligation plus que comme une adhésion morale à une loi universellement acceptable et à laquelle le sportif serait prêt à sacrifier sa naturalité physique au nom de la moralité de la loi.

L'éthique du sport, à la différence de la morale du sport qui propose des axiologies de valeurs pour juger de l'action selon le bien et le mal, place le sujet sportif devant une évaluation de ses propres actes au regard des responsabilités qui lui incombent selon le statut, la discipline, et la fonction qu'il occupe dans sa pratique. On reproche à cette morale du sport d'être étrangère au sportif, en ce sens qu'elle est imposée par les instances décisionnaires du monde sportif, tandis que la valorisation d'une « éthique appliquée » se situe au niveau de la responsabilisation du sujet sportif. Le rôle de joueur/euse implique que le rapport à la règle ait un effet réel sur l'usage du corps, sur l'intensité de la pratique et sur la régulation des modes de relations avec les autres. À la fois individu et joueur, le sujet engage son corps dans la pratique en devant concilier sa morale personnelle, les valeurs du sport et les règles de sa discipline sportive : ces trois niveaux de coercition et de socialisation

---

1. P. Liotard, « L'éthique du sport : une morale de la soumission », dans M. Attali (éd.), *Le sport et ses valeurs*, Paris, La dispute, 2004, p. 117-155.

se mélangent à l'occasion d'un geste déplacé, d'une règle oubliée ou d'une mauvaise intention.

Si la morale et le droit s'imposent par l'arbitrage et les commissions de discipline, les comités d'éthique du sport dans les clubs et les fédérations conduisent aujourd'hui une réforme des comportements avant que ne tombe la sanction juridique : le sujet ayant commis une faute de conduite ou un écart de langage n'a pas exercé suffisamment son jugement éthique en vue de contrôler et réguler l'engagement de son corps dans la pratique. Des « sages » rappellent les règles éthiques, avant qu'une sanction juridique n'intervienne, en favorisant la capacité du sujet à s'éduquer par le sport. L'éthique du sport précéderait ainsi le droit du sport par le rappel de règles de conduite comme le *fair-play*[1] : chacun(e) devrait le posséder pour se contenir de lui-même avant d'être pris à défaut.

L'éthique du sport a pu être comprise comme une discipline délivrant sur un mode idéal les vertus susceptibles de guider le jugement dans l'action sportive. En distinguant trois parties dans cet ouvrage : une morale universelle, une éthique appliquée et l'agentivité éthique, nous voudrions avec le philosophe du sport Mike McMamee, défendre la thèse qu'il n'y a pas d'éthique du sport avec un grand « É » mais des éthiques sportives relatives aux cultures, aux disciplines, aux genres et aux modes d'éducation corporelle. L'éthique du sport est bien une règle universelle accessible à tous et à toutes et garantissant l'identité et l'application égale des mêmes règles. La référence aux jeux de l'Antiquité sinon à l'esprit olympique ou aux jeux traditionnels, comme

---

1. B. Andrieu, « La fin du *fair-play* ? Du "self-goverment" à la justice sportive », Journal du M.A.U.S.S., 2011, août, p. 1-12.

Pierre Parlebas a pu l'établir [1] dans la formation des élèves, garantit l'universalité des règles.

L'esprit olympique universel, pourtant racialisé dès les jeux de Berlin [2], est garanti par le Comité International Olympique (CIO), en une charte éthique universelle dont l'Unesco et les autres institutions internationales du sport ont repris, sinon les intentions du moins les valeurs : équité, égalité, impartialité, bénévolat, gratuité, liberté, *fair-play*... Cette morale universelle, à l'instar de l'idéal olympique, définit des règles et des obligations morales qui font l'objet de sanctions à l'occasion des transgressions comme dans le manque de *fair-play*, le dopage ou la marchandisation des mineurs. Au travers de ces valeurs universelles, le *CIO*, l'*Unesco*, La *FIFA* et autres *International Board* défendent une morale humaniste fondée sur la non-violence, l'égalité, l'équité et la paix face à des situations d'inégalités et de discriminations. Le sport est ainsi porteur, depuis le Baron de Coubertin (dont nous présentons un texte ici) au moins, de valeurs universelles comme le *fair-play*, le respect et la dignité des personnes, le droit à l'image, la conscience de la règle, le self-control, l'amateurisme et le plaisir de jouer. Le Comité Olympique serait le garant de cette morale universelle du sport et nombre de fédérations comme la FIFA ont adopté des codes éthiques. Mais la morale universelle du sport est-elle suffisante pour être suivie comme règle de civilité ? La proposition de *fair-play* financier, la création de l'Agence Mondiale Antidopage, la régulation des jeux sportifs, le passeport biologique,

---

1. P. Parlebas, *Les jeux dans la société traditionnelle*, Paris, L'Harmattan, 2017.
2. P. Clastres (éd.), *Le sport européen à l'épreuve du nazisme*, Paris, Mémorial de la Shoah, 2011.

sont autant de mesures prises pour imposer par la règle et la loi les valeurs universelles du sport dans l'éthique.

Mais si ces valeurs sont bien présentes comme référents universels dans les chartes éthiques des sports et des clubs, la question se pose de l'application d'un jugement éthique qui est universel à des situations critiques et toujours particulières. Le sport produit des cas particuliers qui font jurisprudence au plan du droit du sport mais qui viennent surprendre l'éthique du sport par leur degré de transgression des règles. Ces débordements des règles et le non-respect des valeurs dans tous les domaines du sport provoquent une réaction morale et des sanctions juridiques qui traduisent une reprise en main, face à ce qui serait l'échec de l'éducation des valeurs universelles du sport : dopage sur le Tour de France, violence dans le football, harcèlement sexuel entre entraîneur et entraînées, grève de l'entraînement, drame du Heysel causé par la violence des hooligans, révélation du dopage d'État en RDA, exploitation par les grandes marques des enfants dans la fabrication du marketing du sport, contestation de l'arbitrage (avec ou sans vidéo), insultes racistes entre spectateurs et joueurs et même entre joueurs, manque de *fair-play*, vente de joueurs mineurs, développement des paris sportifs, discrimination hommes-femmes, dépistage du genre des sportifs à partir de tests génétiques et d'hormone pour exclure les intersexes...

Face à ces problèmes, de nombreuses questions se posent : faut-il sanctionner les transgressions aux règles en ignorant les dimensions d'exemplarité du sport et la fonction éducative du spectacle sportif ? Pourquoi le sport est-il devenu la scène médiatisée des conflits éthiques ? La compétition est-elle le contraire de la participation gratuite et égalitaire, fondée par Coubertin comme l'idéal de la morale olympique ? Comment faire respecter les règles par une éducation dans les clubs, fédérations et associations ?

L'éthique appliquée naît des conflits opposant les règles universelles et la multiplicité variée des cas particuliers dans les pratiques sportives, à l'occasion d'actions immorales et illégales qui résultent de logiques complexes dépendant des relations compétitives, des rapports de pouvoir, des enjeux économiques, et des limites mises à l'autonomie personnelle. À la différence de la morale universelle qui voudrait régler tout comportement de manière égale et identique, l'éthique appliquée, comme la jurisprudence, analysent ce qui déroge pour produire un jugement pour chaque cas particulier.

L'ÉTHIQUE RÉGULATRICE FACE À L'AMÉLIORATION DE SON CORPS

L'éthique, même appliquée au cas particulier du dopage notamment, doit faire face au désir de chacun d'entretenir pour soi un culte de la performance, dans le spectacle du stade [1], où s'affichent des valeurs plus méritocratiques que démocratiques. L'éthique puritaine du marathonien [2] avait jusque là rationalisé l'effort sans tenir compte du vécu émotionnel qu'il convenait de contenir. Le jogging est pour Paul Yonnet ce sport antihéros mais qui participe de la culture physique et psychique de l'endurance : le jogger [3]

1. A. Ehrenberg, « Aimez vous les stades ? Les origines historiques des politiques sportives en France (1870-1930) », *Recherche* 43 (1980), p. 25-58.

2. J.-M. Faure, « L'éthique puritaine du marathonien », *Esprit*, avril, 1987, p. 36-41.

3. P. Yonnet, *Jeux, modes et masses. 1945-1985*, Paris, Gallimard, 1985.

rechercherait ainsi à l'échelle de son corps une nouvelle économie énergétique où l'exploitation de sources d'énergie externes (absorption/utilisation maximale d'oxygène) se combine avec une exploration des sources possibles d'énergie interne – ce qui est défendre une éthique écologique du corps. *S'accomplir ou se dépasser* est devenu, selon Isabelle Queval[1] moins une alternative qu'un conflit entre être bien pour être mieux et être mieux pour être bien. L'injonction normative de s'améliorer est à la fois une prescription individuelle de soi par soi et un processus de création par l'individu de ses propres normes éthiques. Cette normativité, « qui doit être normalement prolongée » au sens de Georges Canguilhem[2], invente de nouvelles manières de défendre des valeurs en partant d'une expérience corporelle.

La médecine de l'amélioration[3], ou *enhancement* dans la philosophie anglo-saxonne[4], renouvelle, comme nous le verrons dans la seconde partie, la réflexion sur la philosophie du dopage[5]. La recherche biomédicale trouve dans une médecine personnalisée les nanotechnologies susceptibles de fournir des procédés d'usage inédit de son corps vivant. Les nouveaux outils du dépistage génétique font ainsi espérer, depuis une dizaine d'années, une

1. I. Queval, *S'accomplir ou se dépasser. Essais sur le sport contemporain*, Paris, Gallimard, 2004.

2. G. Canguilhem, « Cours de philosophie générale et de logique 1942-1943 », dans G. Canguilhem, *Résistance, philosophie biologique et histoire des sciences 1940-1965*, Œuvres complètes tome IV, Paris, Vrin, 2015, p. 108.

3. J.N. Missa (éd.), « Enhancement », *Éthique et philosophie de la médecine d'amélioration*, Paris, Vrin, 2009.

4. J. Savulescu, N. Bostrom (eds.), *Human Enhancement*, Oxford, Oxford University Press, 2009.

5. J.N. Missa, P. Nouvel (éd.), *Philosophie du dopage*, Paris, P.U.F., 2011.

évolution de la médecine vers des traitements mieux ciblés et visant une amélioration plus directe des performances. Ainsi la détection et le dépistage précoces des athlètes et leur surentraînement au prix de leur jeunesse reposent désormais sur des technologies au service de la médecine personnalisée. Le dopage génétique peut s'instaurer par la définition de profils performants sans troubles psychologiques et physiologiques : le profilage génétique en génétique du développement aurait une valeur prédictive sur les futures performances ; une identification biométrique repère les capacités à renforcer, par un programme d'entraînement adapté, la capacité individuelle de se parfaire. Comme l'a démontré Andrew Miah[1], l'amélioration génétique des corps rend désormais invisible les procédés, même si les performances sont améliorées tant dans la vitesse que dans l'intensité de l'effort physiologique et dans l'augmentation des capacités.

Le dopage aura fortement entamé l'image du sport en détruisant le mythe d'une équité, sinon d'une égalité, entre les concurrents d'une même compétition. Les inégalités matérielles, économiques et pharmaceutiques introduisent la tricherie autant dans la compétition elle-même que dans la préparation des corps. L'argumentaire de la lutte contre le dopage a trouvé, à partir de la définition du dopage dans la loi française de 1965, trois sens différents de la santé : la santé des sportifs, la santé publique et la santé par le sport rapportée à l'éthique sportive. L'interpénétration constante des deux registres de la santé et de l'éthique

---

1. A. Miah, « The engineered athlete : Human rights in the genetic revolution », *Culture, Sport. Society*, 3(3), 2000, p. 25-40 ; « Genetic technologies and sport : The new ethical issue ». *Journal of Philosophy of Sport*, 2001, XXVIII, p. 32-52 ; *Genetically modified athletes : Biomedical ethics, gene doping and sport*, London, Routledge, 2004.

s'opère « par les jeux des métaphores qui transforment la défense de l'éthique en une lutte contre la maladie du sport que représente le dopage »[1]. Face à l'utilisation comme cobaye de nombre de sportifs[2], le dopage est un bon exemple de cette difficulté à définir une éthique du sport, une fois bannis de la pratique les techniques les plus traçables et les procédés de tricherie dévoilés ces dernières années par la multiplication des tests de dépistage et l'instauration de passeports biologiques. La télésurveillance des sportifs de haut niveau qui doivent être localisables 24 heures sur 24 pose des problèmes de respect de la vie privée et d'atteinte à l'intégrité de l'individu qui ne possède plus aucune liberté d'agir. Ainsi l'éthique des sportifs de haut niveau les oblige-t-elle à être moralement irréprochables non seulement dans leur vie professionnelle mais aussi dans leur vie privée : ils doivent pouvoir être contrôlés chez eux à n'importe quelle heure, au point que des champions comme Roger Federer se sont insurgés contre la violation de la vie privée.

La professionnalisation du dopage et son contrôle éthique[3] interrogent ainsi les limites éthiques de la performance au regard de la santé même des athlètes[4]. Le mensonge et la tricherie font partie du développement des

1. C. Louveau, M. Augustini, P. Duret, P. Irlinger, A. Marcellini, « De la santé à l'éthique : l'argumentaire de la lutte contre le dopage », *Dopage et performance sportive. Analyse d'une pratique prohibée*, Paris, Insep, 1995, p. 23-39.

2. J.-P. Escande, *Des cobayes, des médailles, des ministres*, Paris, Max Milo, 2003.

3. C. Brissonneau, O. Aubel, *L'épreuve du dopage : Sociologie du cyclisme professionnel*, Paris, P.U.F., 2008.

4. W. Gasparini (éd.), *Sport, performance et santé. Perspectives éthiques*, Université Marc Bloch, Strasbourg II, 2004.

performances. Le livre de Brigitte Berendonk[1], *Doping-Dokumente, Von der Forschung zum Betrug,* paru à l'automne 1991, a changé le regard sur l'histoire du sport allemand en ex-RDA. Dans l'ex-RDA, l'ex-Union soviétique et la Chine, les athlètes – au nom d'une vision politique – ont fait l'objet de manipulations jusqu'au dopage d'État[2]. La conscience individuelle était quasi inexistante, dominée par « l'éthique » de la nation. La percée sportive de l'ex-RDA au niveau mondial, entre 1968 et 1972, a eu pour conséquence de donner au sport de haut niveau un impact fulgurant dans la société « socialiste » comme dans la politique extérieure. Les objectifs de la politique extérieure (reconnaissance par la communauté internationale) valaient plus que la santé des sportifs. Les dirigeants politiques et sportifs connaissaient le lien étroit qui unissait le dopage aux hormones à la réussite sportive. Les éléments les plus critiquables d'un point de vue éthique sont les contraintes absolues et l'interdiction de donner aux athlètes des informations précises, l'absence de consentement et le changement de leur identité de genre. Cette façon d'agir représente une violation des droits de l'homme selon le traité de Rome.

Ainsi l'amélioration de la performance, au prix de l'aliénation du corps du sportif, doit être comprise dans le cadre d'une éthique des modifications corporelles. Si ces modifications sont volontaires et portées par le désir de compétition du sportif, l'excellence corporelle recherchée

1. B. Berendonk, *Doping. Von der Hochleistungssport,* Frankfurt, Suhrkamp, 1991.
2. G. Spitzer, « Approche historique du dopage en République démocratique allemande : description et analyse d'un système de contraintes étatiques », trad. de l'allemand de G. Treutlein, Ch. Pigeassou, *Stap,* 2005, n° 70, p. 49-58.

engage le corps du sportif dans une transformation parfois définitive de son identité, sinon de ses capacités. Le méliorisme, comme philosophie de l'amélioration du corps humain, ne connait aucune limite : l'amélioration apporte de meilleures performances mais aussi des interrogations sur l'engagement éthique des sportifs eux-mêmes. Sont-ils libres de leurs choix compétitifs ? Ne doivent-ils pas se conformer aux valeurs sociales de la performance ?

LA LIMITATION ÉTHIQUE
CONTRE LES PRATIQUES ANTISPORTIVES

Les problèmes éthiques soulevés par le comportement des acteurs et actrices du sport ont été rendus visibles à l'occasion de différents scandales (homophobie, prostitution, dopage, argent facile) [1]. Mais derrière cette mise en scène du spectacle sportif, les recherches ont rendu visibles de nouvelles manières de problématiser l'éthique du sport par le biais d'une interrogation sur la nature du lien social : car ces mauvaises pratiques sportives impliquent en réaction des engagements éthiques de la part des sportifs eux-mêmes, conduits à dénoncer les rites d'exclusion et d'intégration, et les discriminations stigmatisantes.

La mise à mal de l'intégrité du corps du sportif, et en particulier de la sportive, est devenue avec le harcèlement un des problèmes éthiques soulevés par les victimes elles-mêmes. Car les relations sportives n'échappent pas, malgré le statut sportif qui du joueur(euse) qui de l'entraîneur(euse), aux enjeux de la personnalisation des rapports humains. Longtemps tabou et invisible, cette violation de l'intégrité

---

1. J. Jessel, P. Mendelewitsch, *La face cachée du foot business*, Paris, Flammarion, 2007.

physique et morale du sportif(ve) a été dénoncée dès 1986 par la communauté scientifique [1] au Canada, Australie et Royaume Uni. L'analyse du non-respect du contrat éthique est, depuis une dizaine d'années [2] dans la communauté internationale, analysée dans la relation entraîneur-entraîné(e) [3] avant que des voies procédurales et juridiques ne soient mises en œuvre [4].

L'éthique du sport analyse dans le harcèlement physique et moral trois catégories de relation maintenant définies : « [The] typology that consists of three main types : (1) The Flirting-Charming Coach ; (2) The Seductive Coach ; and (3) The Authoritarian Coach » [5]. La mauvaise pratique consiste ici en ces trois degrés où s'engage un rapport humain sous l'alibi d'un entraînement : l'emprise dans une relation duelle entraîneur(euse)-entraîné(e) enferme le sujet dans un isolement qui autoriserait des gestes intrusifs

---

1. T. Crossett, « Male coach/female athlete relationships », *First International Conference for Sport Sciences*, Sole, Norway, 15-16 November 1986 ; C.H. Brackenridge, « Ethical problems in women's sport », *Coaching Focus*, 6, 1987, p. 5-7. H. Lenskyj, « Sexual harassment : female athletes' experiences and coaches'responsibilities, Sport Science Periodical on Research and Technology in Sport », *Coaching Association of Canada*, 1992, 12(6), Special Topics B-1.

2. S. Kirby, L. Greaves, « Foul play : sexual abuse and harassment in sport », *Pre-Olympic Scientific Congress*, Dallas, 11-14 July 1996 ; M. Cense, Red card or carte blanche : risk factors for sexual harassment and sexual abuse in sport. Summary, conclusions and recommendations, Arnhem, Olympic Committee, Netherlands Sports Federation/TransAct, 1997.

3. Deux champions confient dans leurs mémoires les agressions subies respectivement à 15 ans et à 10 ans dans S. R. Leonard, *The Big Fight. My Life In and Out of the Ring*, New York, Viking Books, 2011.

4. « En finir avec un tabou », *L'Équipe*, 9 juin 2011, p. 16-17.

5. K. Fasting, C. Brackenridge, 2009, « Coaches, sexual harassment and education », *Sport, Education and Society*, vol. 14, n° 1, February, 2009, p. 21.

et une violation de la vie privée. En distinguant le harcèlement [1] de l'abus sexuel, la difficulté de définir des profils types n'interdit pas de poser la question éthique de la confiance dans la relation de pouvoir qui s'instaure entre l'entraîneur(euse) et l'entraîné(e) : ainsi la valorisation ou non de l'estime de soi dans un système de performance/ récompense autoriserait l'entraîneur(euse) à étendre son pouvoir jusque dans la sphère privée ; l'inégalité situation-nelle entre les deux personnes est non contractualisée là où les valeurs morales devaient suffire à contenir les investigations trop personnelles et les dépassements des limites corporelles.

Pour N. Joan Hornak et James E. Hornak [2] l'entraîneur doit éviter trois attitudes du point de vue éthique. D'une part, tenter d'être l'entraîneur/ami en essayant de combiner une relation amicale et une relation entraîneur/athlète peut influencer de façon négative la relation entraîneur/athlète, l'amitié ou les deux. D'autre part, l'entraîneur/conseiller n'est pas formé pour diagnostiquer ou traiter des problèmes émotionnels. L'éthique du sport doit garantir la séparation des fonctions entre l'entraîneur technique et le psychologue du sport ; mais l'effet d'entraîner peut impliquer l'émotivité des deux partenaires du programme sportif. Enfin, l'entraîneur/intime agit de manière non éthique, non productive et professionnellement inappropriée. L'abus des entraîneurs(euses) porte sur le pouvoir de récompense,

1. J. B. Pryor, N. J. Whalen, « A typology of sexual harassment of sexual harassment : characteristics of harassers and the social circumstances under which sexual harassment occurs », *in* W. Donohue (ed) *Sexual harassment : theory, research and treatment*, London, Allyn and Bacon, 1997, p. 129-151.

2. N.J. Hornak, J.E. Hornak, « Coach and player. Ethics and dangers of dual relationship », *Journal of Physical Education Recreation and Dance*, 5, 1993, p. 84-85.

le pouvoir de coercition, le pouvoir légitime, le pouvoir d'expertise et le pouvoir charismatique. L'intrusion éthique s'effectue par un contrôle de l'usage privé des corps comme la surveillance des régimes alimentaires, le contrôle de la communication, la gestion serrée des activités privées de l'athlète ainsi que la séparation des aspects routiniers de la vie normale (fêtes entre amis, sorties au cinéma, etc.) en fonction des relations de la soumission de l'athlète féminine à son entraîneur masculin.

Ainsi le terme d'exploitation sexuelle utilisé dans la relation sportive, comme le font remarquer Kari Fasting et Celia Brackenbridge [1], appartient-il encore à un langage machiste de domination des sexes, là où la situation, même dans une analyse marxiste de la marchandisation du corps de l'athlète, n'aboutit pas à une mise forcée en prostitution. Tel est justement le problème des limites éthiques rencontrées par celui ou celle qui accepte de souffrir dans une relation de soumission consentie, et cela en vue de la performance sportive : en préférant une inscription dans des scripts relationnels plutôt que dans des morphotypes comportementaux, la recherche en éthique du sport distingue désormais le harcèlement sexuel du harcèlement de genre.

La limitation éthique est aussi le moyen de rendre acceptable d'autres catégories de pratiquant(e)s dont l'identité sexuelle ou le genre sont désignés jusque-là comme non légitimes sur le plan sportif. Définir ce qui est acceptable dans le genre humain ne doit pas conduire à une discrimination tant dans la relation entraîneur/entraînée que dans la participation de sportifs gays, lesbiens ou

---

1. K. Fasting, C. Brackenridge « Coaches, sexual harassment and education », *Sport, Education and Society*, vol. 14, n° 1, February 2009, p. 24.

intersexes aux pratiques sportives de compétition. Le contexte de l'homophobie définit la limite éthique à ne pas franchir pour respecter les valeurs d'acceptation et de participation définies par Pierre de Coubertin. Les homophobies gays et lesbiennes [1] sont désormais particulièrement bien dénoncées en tant que telles [2]. Comme si l'homophobie était devenue un objet plus visible que le harcèlement sexuel ou de genre dans une relation hétérosexuelle entraîneur(euse)-entraîné(e). L'invisibilité du harcèlement est peut-être due à la structure culturelle du pouvoir qui continue de considérer les femmes comme faibles, et au nombre supérieur d'entraîneurs masculins [3].

Or, il n'y a pas de déontologie de l'entraîneur qui garantisse la limitation éthique, tout dépend de l'attitude morale de chacun. Les limites sont d'ordre éthique, elles reposent sur la conscience de l'entraîneur et il n'y a pas de règle réelle qui limite leurs actes et leur façon de parler aux athlètes, si l'on en croit le compte rendu des entretiens avec ceux-ci.

Ainsi la limitation éthique est différente ici de la régulation éthique que nous avons décrite avec l'amélioration par le dopage. Car là où la régulation éthique admet un certain degré de transgression des règles, comme en fixant un taux au-delà duquel le sang ne doit pas révéler de suroxygénation ; le dopage est ainsi autorisé jusqu'à un certain stade, et si l'on produit un certain nombre de raisons médicales, comme l'asthme, la prise de médicaments

---

1. P. Griffin, « Life in the shadow of the lesbian boogeywoman : the climate for lesbians in sport », in *Strong women, deep closets : lesbians and homophobia in sport*, Champaign, Ill., Human Kinetics, 1998, p. 91-107.

2. S. Ferez, *Le corps homosexuel en jeu*, P.U. Nancy, 2008.

3. K. Fasting, C. Brackenridge, « Coaches, sexual harassment and education », art. cit., p. 31

interdits se révèle possible. Avec la limitation éthique, point de différences de degrés dans les mauvaises pratiques, un arrêt strict est recommandé pour rétablir la relation dans une normalité contractuelle et respectueuse du consentement mutuel.

Même si ces principes relèvent du point de vue d'une morale olympique universelle, il reste que, dans la pratique éthique concernant la discrimination, l'éthique du sport doit sans cesse rappeler les limites pour contenir les mauvaises pratiques dans les normes morales.

LA NORMATIVITÉ ÉTHIQUE DES ACTEURS(TRICES) : UNE FORME D'AGENTIVITÉ

L'agentivité des acteurs [1] et actrices du sport, par leur engagement corporel [2], s'oppose à une conception passive de l'éthique qui consisterait à attendre l'application de règlements et de sanctions pour bien agir. Par leurs actes, les sportifs(ves) interrogent les normes, critiquent les normalités, et participent à l'émergence d'une nouvelle normativité éthique [3] qui est opposée à la normalisation morale des comportements. En incarnant des valeurs inédites, ils s'affirment de manière autonome dans le monde du sport et renouvellent le sens à donner à l'action. Ainsi, par leur propre corps en action sportive, les agents témoignent et interrogent les normes établies de la morale

1. J. Scott, « Ramifications of sports activism : the cases of Tommie Smith and Harry Edwards », *Arena Newsletter*, vol. 1, 6, Oct, 1977, p. 2-4.

2. B. Soulé, J. Corneloup, *Sociologie de l'engagement corporel. Les pratiques de l'extrême*, Paris, Armand Colin, 2007.

3. B. Andrieu, O. Sirost, « Body Ecology, Basic Concepts », dans B. Andrieu, J. Parry, A. Porovecchio, O. Sirost, (eds.), *Body Ecology and Emersive Leisures*, London, Routledge, 2018, p. 14-32.

du sport : le corps dopé et testostéroné par la RDA d'Heidi Krieger devenu depuis Andréas, le corps hermaphrodite de la Sud-Africaine Caster Semenya qui sera contrôlé par des tests génétiques pour prouver sa féminité [1], la main de Thierry Henry qui qualifia la France pour la coupe du monde de football sans aucun remords, le coup de boule de Zidane en finale de la coupe du monde qui lui a valu une exclusion pour son dernier match, la première grève de l'entraînement par des joueurs de l'équipe de France, les insultes publiques contre les entraîneurs de Cantona à Anelka, voilà autant d'exemples d'une médiatisation de la violence des corps et de la revendication d'autres valeurs, parfois contraire au fair-play.

Des arbitres [2] qui écrivent des livres témoignent pour raconter les problèmes éthiques qu'ils ont rencontrés dans leur métier. Ce n'est plus ici quelqu'un d'extérieur qui s'interroge sur l'éthique du sport mais quelqu'un de l'intérieur, qui témoigne des conditions de sa pratique. Ainsi il y a une différence entre les règles de l'arbitrage et le vécu de l'arbitre. Non seulement il ne faut pas oublier le point de vue de l'arbitre mais également celui du joueur. Il y a alors un conflit d'interprétation, ce qui signifie qu'il y a un décalage entre un point de vue universel, voire objectif, et un point de vue subjectif. Le point de vue objectif de l'arbitre est en réalité un point de vue subjectif mais il est jugé universel car il est investi d'une sorte de neutralité, d'égalité, de par sa fonction d'arbitre. Bruno Derrien, par exemple, explique que certaines équipes lui ont offert un « tapis rouge » pour mettre une pression minimale. Un arbitre subit ainsi des pressions, des

---

1. A. Bohuon, *Le test de féminité dans les compétitions sportives : une histoire classée X ?*, Paris, Les éditions Ixe, 2012.
2. B. Derrien, *A bas l'arbitre*, Paris, Editions du Rocher, 2009.

intimidations, des menaces, et son arbitrage peut parfois être difficilement objectif.

Dans la réalité, l'arbitre va être représenté par les règles de football. Et à l'inverse, si l'arbitre est touché, il est en quelque sorte défendu par la fédération, le statut protégeant la personne. Cependant, le problème de l'interprétation de la règle révèle le caractère subjectif de l'arbitre à certains moments, en fonction du placement de l'arbitre, par exemple, qui n'applique pas la règle mais l'interprète. En sport, il n'y a pas de trace, sauf avec la vidéo. L'arbitrage porte donc sur le comportement et non sur des traces matérielles. Le support vidéo sert alors à objectiver l'inter-prétation. La règle éthique demande de respecter l'interpré-tation de l'arbitre, sans tenir compte des motivations des fautes et l'arbitre ne tient pas compte des motivations de l'acte, il juge l'acte. Or l'acte, la faute que l'on commet, peut être volontaire ou involontaire. L'arbitrage n'est pas fondé sur l'intention mais sur le résultat. Il y a aussi un certain aveuglement de l'arbitre, car il ne peut être centré que sur le ballon. L'arbitre ne voit pas tout, comme si l'action en dehors du ballon n'était pas regardée.

L'agentivité répond aussi à un activisme de la part des sportifs [1] eux-mêmes, apparu au JO de Mexico lorsque les athlètes noirs Tommie Smith et John Carlos levèrent [2] le poing sur le podium du 200 mètres, revendiquant le black power contre les lois de discriminations raciales aux États-Unis. Jusque-là une neutralité olympique, indiquée

---

1. B. Andrieu, « Quelle agentivité corporelle pour l'éthique du sport ? », dans D. Bodin, G. Sempé (éd.), *Sports et éthique en Europe*. Strasbourg, Éditions du Conseil de l'Europe, 2011, p. 84-95.

2. H. Edwards, *The Revolt of the Black Athlete*, Ontario, Collier-Macmillan Limited, 1985 ; T. Smith, D. Steele, *Silent Gesture : the autobiography of Tommie Smith*, Philadelphie, Temple University Press, 2007.

dans la charte, était exigée comme règle comportementale, afin d'éviter le nationalisme et les revendications politiques dans ce que l'on appelle la trêve olympique. Mais la neutralité bienveillante du sport olympique n'est plus l'expression de la situation éthique des sportifs et sportives, au point que la revendication des valeurs peut être désormais portée par les agents du sport, à l'intérieur même de leurs pratiques.

À l'inverse de la manipulation forcée et de l'absence de consentement, aux jeux de Mexico[1], l'expression de ces minorités opprimées, comme le rappelle Fabrice Delsahut[2], défend une éthique personnelle. Celle-ci est le résultat d'une réflexion morale et politique personnelle que le sportif élabore en fonction de son milieu, sa condition mais aussi son identité, son genre, sa couleur de peau et les évènements du monde. Ainsi Tommie Smith appartenait à l'organisation intitulée PODH (Projet olympique pour les droits de l'homme), « dont [il est] devenu naturellement le porte-parole, étant athlète et disposant d'une visibilité à portée internationale », qu'il a concrétisée dans son engagement avec les *black power*, mis en avant sur un podium. Ces sportifs se détachent de l'éthique nationaliste de leur pays et de l'éthique olympique de neutralité : « Quand je gagne, je suis Américain, pas Noir-Américain. Mais si je fais quelque chose de mal, ils vont dire que je suis un Négro. Nous sommes Noirs et nous sommes fiers de l'être. L'Amérique Noire comprendra ce que nous avons fait ce soir […]. Nous ne sommes pas les braves garçons, ni de braves animaux que l'on récompense avec des cacahuètes. Si les gens ne s'intéressent pas à ce que les

1. R. Hoffer, *Something in the Air : American Passion and Defiance in the 1968 Mexico City Olympics*, New York, Free Press, 2009.
2. F. Delsahut, *Les hommes libres et l'Olympe. Les sportifs oubliés de l'histoire des Jeux Olympiques*, Paris, L'Harmattan, 2004.

Noirs pensent en temps normal, qu'ils ne viennent pas voir les Noirs courir en public. [...] L'Amérique blanche ne nous reconnaît que comme champions... » déclare Tommie Smith après la course. Avec John Carlos, ils brisent alors un tabou qui est celui de la neutralité.

Ainsi par leurs actes, les sportifs(ves) peuvent manifester des valeurs éthiques alternatives, comme dans les textes que nous proposons ici sur les valeurs écologiques[1] du surf, les valeurs du handi-sport et les valeurs du bien-être, à travers de nouvelles pratiques qui s'adossent à une « conscience corporelle »[2] : celle-ci se forme à partir de l'expérience corporelle en première personne en proposant ses sensations[3] comme nouveau critère de valeurs sportives ; ainsi le plaisir de surfer la vague devient le critère central du jugement éthique et esthétique sur la beauté du geste et l'intensité de l'engagement avec les autres. Aucune institution ne pourra imposer à ces nouveaux agents sportifs des valeurs qu'ils jugent trop abstraites et désincarnés.

Le texte sur le handi-sport que nous présentons ici fait émerger des agents minoritaires qui inventent et décrivent de nouveaux modes vécus de pratiques corporelles du sport, comme le corps hybridé de Pistorius. Enfin, l'auto-organisation des sportifs de rue[4] prouve combien la pratique définit ses propres règles dans des terrains hors des stades[5].

---

1. B. Andrieu, S. Loland, « The ecology of sport : From the practice of body ecology to emersed leisure », *Leisures & Society*, 40(1), 2017, p. 1-6.
2. G. Vigarello (éd.), *L'esprit sportif aujourd'hui. Des valeurs en conflit*, Paris, Universalis, 2004, p. 45.
3. A. Loret, *Génération glisse*, Paris, Autrement, 1995.
4. W. Gasparini, G. Vieille-Marchiset, *Le sport dans les quartiers. Pratiques sociales et politiques publiques*, Paris, P.U.F., 2008.
5. F. Lebreton, *Socio-anthropologie de l'urbanité ludique. Cultures urbaines et sportives alternatives*, Paris, L'harmattan, 2010.

CONCLUSION

Le sport n'est pas un espace éthique neutre, car il incarne des valeurs qui engagent le vécu quotidien des hommes. Le sport a longtemps été compris comme une sorte d'effaceur des valeurs individuelles au profit d'une adhésion à des valeurs universelles. Ces valeurs transcenderaient les situations personnelles (race, sexe, classes sociales…). Mais les acteurs(trices) sportifs(ves) veulent désormais incarner leurs propres valeurs comme l'identité sexuelle, les valeurs culturelles de leur communauté ou l'exemplarité de leur parcours.

En partant des acteurs et actrices du sport et de leur vécu corporel, l'éthique du sport peut avoir une efficacité bien plus grande que les pétitions de principe nécessaires mais qui ne résistent pas à l'analyse des pratiques corporelles *in situ*. Même si le sport est une éthique sociale et un *ethos* subjectif, très souvent, certains sportifs imposent leur propre éthique. Certains gestes des sportifs bouleversent les conventions et les limites actuelles de notre morale sportive.

Mais plutôt que de tout comparer à un esprit sportif éternel, l'agentivité éthique vient renouveler les critères de nos jugements. La démocratie nous enseigne que l'éthique personnelle relève du privé et que, dans la sphère publique, notre éthique devrait être retenue. Or l'éthique des sportifs et sportives rejoint le droit de manifester notre position avec le respect de l'intégrité du corps du sportif. Enfin, la mondialisation éthique par le sport rejoint la prétention du sport d'être une morale universelle. Les grandes fédérations se servent du sport comme un moyen d'éducation mondiale. Le comportement des joueurs doit alors être exemplaire.

PREMIÈRE PARTIE

LA MORALE SPORTIVE UNIVERSELLE

PRÉSENTATION [1]

La crise éthique du sport est pensée par Georges Hébert (1875-1957), promoteur d'une méthode naturelle contre les excès du sport. En 1925, Georges Hebert (et Jean Giraudoux [2] fera les mêmes critiques en 1928, dans son livre *Le sport contre l'éducation physique*) anticipe largement la critique du sport mais en ouvrant une alternative, celle de la méthode naturelle. Selon lui, le sport doit rester un moyen d'éducation pour la jeunesse « et non devenir un élément de destruction morale autant que physique » [3]. Par avance, le fondateur de la méthode naturelle prend ses distances avec le futur courant critique du sport de Jean Marie Brohm : « Nous nous gardons toutefois de confondre, comme le font nombre de ceux qui l'attaquent inconsidérément, et c'est le cas des personnes hostiles à toute culture corporelle, le sport dans son essence propre avec la manière de le concevoir ou de le pratiquer » [4].

1. Je remercie Pierre-Philippe Meden (Univ. Montpellier), historien de l'hébertisme.
2. « Il y a des épidémies de tout ordre ; le goût du sport est une épidémie de santé » (Jean Giraudoux *Le Sport...*, Paris, Librairie Hachette, « Notes et maximes », 1928, p. 9). « Que ton corps ne soit pas la première fosse de ton squelette » (*ibid.*, p. 16). « Un médecin qui n'est pas sportif est un chimiste dont les instruments sont sales » (*ibid.*, p. 21).
3. G. Hebert, *Le sport contre l'éducation physique*, Paris, Revue EPS-Vuibert, 1993, p. 3 ; P.-Ph. Meden, *Du sport à la scène. Lenaturisme de G. Hebert*, Bordeaux, P.U. Bordeaux, 2017.
4. G. Hebert, *Le sport contre l'éducation physique*, *op. cit.*, p. 2.

Le tournant du naturisme aéré est pris par Georges
Hébert en 1910, dans le *Code de la Force*. Les termes de
Méthode naturelle se substituent alors à ceux de Gymnastique
raisonnée pour désigner le système qu'il promeut. Les
principes directeurs de sa méthode deviennent des « lois
de la nature ». Il tente ainsi de s'attribuer le thème de la
nature dans le champ de l'éducation physique : « Dans
cette méthode, le principe de travail quotidien consiste
précisément à rétablir pendant un temps déterminé, les
conditions mêmes de la vie naturelle »[1]. La valeur et le
sens conférés à des notions comme la santé et la force
évoluent, ce dont témoigne l'article « De l'air ! De l'espace !
Des jeux ! », publié en 1913. Il y prône une médecine
hygiénique, sportive, et dénonce l'attitude des praticiens
qui, au XIXe siècle, « redoutaient l'exercice par crainte de
l'effort, l'action vivifiante du grand air, la chaleur même
du soleil »[2]. L'endurcissement de l'organisme doit
confronter le corps « au froid, à la chaleur, au soleil et aux
intempéries par le travail au grand air, par les bains d'air
et de soleil, les grands bains d'eau de rivière ou de mer,
l'usage de l'eau froide pour les ablutions »[3]. Mener une
existence conforme aux lois de la nature en donnant libre
cours à son besoin naturel d'activité suppose de ressembler,
d'où le modèle racial, à « l'être non civilisé »[4] : l'éducation
du corps de l'être civilisé doit trouver dans des exercices
l'activité « que représenterait une journée entière de vie
au grand air à l'état libre »[5].

1. G. Hébert, *Code de la Force*, Paris, Vuibert, 1910, p. XVII-XVIII.
2. G. Hébert, « De l'air ! De l'espace ! Des jeux ! », *L'éducation
physique*, 4,1913, p. 91.
3. G. Hébert, *L'éducation physique ou l'entraînement complet par
la méthode naturelle*, Paris, Vuibert, 1912, p. 5.
4. *Ibid.*, p. 8.
5. *Ibid.*, p. 9.

Le respect des lois de la nature implique un « travail au grand air avec bains d'air et de soleil »[1] : le libre jeu d'un corps nu, des articulations et des muscles est la condition du jeu en plein air. Mais ces jeux de corps débarrassé des contraintes artificielles doivent s'exercer à travers des mouvements naturels : « il faut marcher, courir, sauter, grimper, lever, lancer, se défendre et, chaque fois qu'on le peut, nager ; de plus, prendre un bain d'air d'une durée variable suivant les circonstances atmosphériques et se soigner la peau après le travail »[2]. Les qualités naturelles du corps sont ainsi activées par ces exercices comme « la résistance, la vitesse, la force musculaire, l'adresse générale et spéciale… les qualités viriles, l'endurcissement général de l'organisme, la frugalité… »[3].

L'exemple des jeunes mousses, dont l'aptitude physique doit être assurée par l'endurance aux courses de fond et la natation, à bord ou à terre, révèle bien « leur entraînement au froid, à la chaleur ou aux rayons brûlants du soleil »[4]. La santé acquise par ces exercices prouve que « les bains d'air améliorent l'état de leur organisme d'une façon [si] puissante »[5]. Près de dix mois sur douze, le bain d'air peut se pratiquer le torse nu au grand air jusqu'à 5 degrés au-dessous de zéro par temps calme en janvier 1909 : « l'air et la lumière constituent les premiers aliments nécessaires à la peau. Sous l'influence de l'air et de la lumière, la peau perd sa rugosité et son aspect livide ; elle prend une teinte bronzée caractéristique et devient

1. *Ibid.*, p. 20.
2. *Ibid.*, p. 27.
3. *Ibid.*, p. 30.
4. *Ibid.*, p. 47.
5. *Ibid.*, p. 52.

extrêmement douce au toucher »[1]. Adopter « les conditions
même de la vie naturelle : travail au grand air, bains d'air
et de soleil… »[2] prouve combien « l'être humain, par sa
nature même, est organisé pour vivre à l'air libre avec son
enveloppe naturelle qui est la peau »[3].

Pour Hébert, la vraie force réside avant tout « dans
l'énergie qui l'utilise, la volonté qui la dirige ou le sentiment
qui la guide », « c'est une synthèse physique, virile et
morale » : Dans l'ordre purement physique, la force consiste,
d'une part, à posséder un certain nombre de qualités :
résistance organique, muscularité, vitesse, adresse ; d'autre
part, à maîtriser les dix groupes d'exercices fondamentaux :
« Dans l'ordre viril, la force consiste à posséder suffisamment
d'énergie, de volonté, de courage, de sang-froid, de fermeté.
[…] Dans l'ordre moral, la force peut tout aussi bien
consister à faire le mal que le bien. Un gredin et un être
vertueux sont également forts moralement, mais pour des
buts opposés. »[4]. La devise de cette méthode est « Être
fort, pour être utile ». Elle a deux aspects fondamentaux :
la confrontation permanente au grand air et la variété des
milieux naturels et humains auxquels sont confrontés les
pratiquants.

Cette méthode répertorie ses exercices en dix groupes
fondamentaux : la marche, la course, le saut, la quadrupédie,
le grimper, l'équilibrisme, le lancer, le lever, la défense et
la natation. Elle se pratique dans deux lieux : les parcours
naturels et sur des plateaux d'exercices physiques aménagés.

1. G. Hébert, *L'éducation physique ou l'entraînement complet par
la méthode naturelle*, *op. cit.*, p. 63.
2. *Ibid.*, p. 84.
3. *Ibid.*
4. *Ibid.*, p. 94.

La méthode naturelle se fonde sur des évaluations précises, fiches individualisées pour évaluer les progrès.

Car le naturiste s'inscrit dans une critique de l'industrialisation du sport qui est déjà pressentie par G. Hebert : « On se demande pourquoi le sport s'oriente de plus en plus vers le spectacle, le funambulisme ; c'est-à-dire vers l'exploitation de la badauderie humaine... On a lancé le sport en France avec des procédés de bateleurs et on a appliqué la performance du sport industriel au sport corporel »[5]. La mise en performance du sportif de haut-niveau instrumentalise le corps de l'athlète en lui interdisant le respect de son intégrité physique et morale. Cette distinction entre l'essence du sport et ses usages en compétition pose bien le problème éthique comme une élaboration de l'acte « par les vrais éducateurs comme les purs sportifs ». Il défend les valeurs de la coopération, de l'entraide et de la solidarité : « En éducation physique, on recherche avant tout des résultats collectifs. On encourage chaque sujet à travailler pour la masse, à coopérer par son effort à la valeur de l'ensemble »[6].

En éducation physique, on travaille les points faibles de l'organisme pour rétablir l'équilibre normal, on corrige les déformations de façon à développer le corps harmonieusement. Le sport fait un corps spécialisé et disgracieux. L'égalité des corps n'intéresse pas la société marchande : « En sport, on néglige le développement des points faibles et la correction des déformations, pour ne s'occuper que de la technique pure ou des performances à atteindre. Au lieu de rétablir l'équilibre des fonctions et de la musculature,

---

5. *Ibid*, p. 14.
6. *Ibid.*, p. 23.

on accentue ainsi le déséquilibre général » [1]. Le sport est dangereux ! « On voit des sportifs abuser tellement de la pratique de leur sport favori qu'ils deviennent de véritables maniaques. Ce sont eux que le bon sens populaire a qualifiés de "piqués du sport"… Le sportif atteint par la monomanie ne peut plus concevoir qu'un exercice soit exécuté autrement qu'en sport outrancier ». Le sport spécifie le corps et le sculpte d'une certaine façon par l'effet du perfectionnement technique. Les sportifs sont ainsi monodisciplinaires par leur spécialisation corporelle et la sélection progressive des compétitions.

L'individualisme est dès lors favorisé par l'opposition compétitive de sportifs devenus des adversaires de jeu : « Dans le sport, l'individualisme est exalté par l'idée d'arriver le premier et d'être le plus fort. Les sentiments égoïstes s'affirment et s'exaspèrent d'autant plus que l'outrance est poussée plus en avant. Si le succès couronne l'amour-propre, le surexcité tend à produire la vanité. Le champion applaudi est tenté de se croire un être exceptionnel » [2]. Cette création du modèle et de l'idole éloigne de l'idéal de communication avec la nature et invente une religiosité de l'apparence.

Entre philosophie et religion, l'idéal olympique voudrait justement définir des valeurs consubstantielles à la pratique corporelle et pas seulement à l'apparence compétitive. La critique du sport dans la morale olympique commence par exposer les thèses de Pierre de Coubertin, mais elles sont éclairées par une lecture de philosophie politique menée ici par Patrick Clastres et sur les bases des archives du CIO choisies par Florence Carpentier, notamment les

1. G. Hébert, *L'éducation physique ou l'entraînement complet par la méthode naturelle*, *op. cit.*, p. 23.
2. *Ibid.*, p. 34.

décisions prises pour la philosophie féministe d'Alice Millat pour la reconnaissance du sport féminin et les arguments contre le CIO de l'époque.

En se référant aux fondements des valeurs positives par le sport posées par le révérend Thomas Arnold, Pierre de Coubertin définit[1] le concept d'olympisme par la philosophie grecque : « La première caractéristique essentielle de l'olympisme ancien aussi bien que de l'olympisme moderne, c'est d'être une religion. En ciselant son corps par l'exercice comme le fait un sculpteur d'une statue, l'athlète antique « honorait les dieux ». En faisant de même, l'athlète moderne exalte sa patrie, sa race, son drapeau. J'estime donc avoir eu raison de restaurer dès le principe, autour de l'olympisme rénové, un sentiment religieux transformé et agrandi par l'Internationalisme et la Démocratie qui distinguent les temps actuels, mais le même pourtant qui conduisait les jeunes hellènes ambitieux du triomphe de leurs muscles au pied des autels de Zeus ».

À l'inverse, Alice Millat met en avant pour les femmes exclues de l'Olympisme par Coubertin[2], d'autres valeurs physiques que celle de la virilité sportive : « Nous avons la bonne fortune de nous être vouées à un culte dont les pratiques voilent l'austérité relative du but à atteindre d'un intérêt immédiat pour les jeunes filles et jeunes femmes qui ont, les premières, bravé l'hydre des préjugés et conventions sociales. Tout d'abord, les moins portées à l'analyse ressentent un bien-être physique si évident et le ressentent si vivement qu'elles sont des apôtres convaincues de l'éducation physique par les méthodes rythmiques ou

---

1. Comme le rappelle ici Patrick Clastres dans sa présentation du texte de 1935.
2. A. Millat dans un extrait du texte de 1922 sélectionné ici par Florence Carpentier.

autres, par le sport individuel ou d'équipes. Et puis le
nombre d'intellectuelles que comptent nos groupements
est sans cesse grandissant ; celles-là nous sont des auxiliaires
très précieuses, car elles savent opposer des arguments de
valeurs aux tardigrades qui voient dans le développement
de l'éducation physique et sportive féminine un signe de
dépravation des mœurs et de danger physique et social ! »

En mai 1975, la parution, sous la direction de Georges
Vigarello, du numéro spécial, n° 446 de la revue *Esprit*,
sur l'éducation physique, est un tournant dans l'analyse
de l'éthique du sport. Nous republions ici l'article commun
« Itinéraire du concept d'éducation physique » écrit par
Georges Vigarello, auteur de l'ouvrage princeps sur *Le
corps redressé*, d'André Rauch, qui réalisa la première
thèse sur la philosophie du corps en France sous la direction
de Georges Gursdof, et Christian Pociello, deux philosophes,
pionniers de l'histoire du corps, et un sociologue, qui a
fait sa thèse sous la direction de Georges Canguilhem sur
le thème du corps en mouvement chez Marey et Demenÿ.
Si les textes précédents de ce recueil donnent la conception
des valeurs morales sous l'égide de l'olympisme, l'éducation
physique, détachée du sport, est définie ici comme une
culture des techniques corporelles. Convertis à l'analyse
critique du sport dans les années 1970 dans un groupe de
discussion avec Michel Bernard et Jean-Marie Brohm, ils
analysent ici l'histoire du concept d'éducation physique
afin de préciser les conditions de l'éthique du sport. En
distinguant l'éducation physique du sport, Vigarello précise
comment la culture dans ses implications corporelles sert
le projet de « mieux faire vivre le corps dans l'éducation » [1]
mais en refusant, dans le contexte ministériel de la promotion

1. M. Bernard, C. Pociello, G. Vigarello, « Itinéraire du concept
d'éducation physique », *Esprit*, n° 5, mai, 1975, p. 641.

du sport, de réduire l'éducation corporelle à une éducation sportive. L'expression corporelle, la sociomotricité, la psychomotricité et les techniques de geste, comme nouvelles pratiques, révèlent l'émergence de méthodes et d'expériences éloignées de l'instrumentalisme, de l'esthétisme olympique et de la colonisation théorique de la pensée médicale dans les domaines de la motricité. Les problématiques nouvelles mettent en avant une « complexité épistémologique »[1] face à des sciences et des concepts inédits.

Dans son article de 1975, dans ce même numéro d'*Esprit*, « L'ambivalence du corps », Michel Bernard s'en prend aux « Instructions Officielles d'EPS » de 1967 et ses commentaires estiment que l'éducation physique voudrait s'adresser à l'homme dans sa totalité, et pas seulement à une éducation du corps. Il y perçoit le maintien d'un thème philosophique traditionnel, identique depuis Descartes jusqu'à Kant, du dualisme. « Le corps devient, en quelque sorte, la mauvaise conscience de l'éducateur physique »[2] : plutôt que de réhabiliter et libérer le corps de « sa vassalité à la res cogitans, de la domination idéaliste de l'intellect »[3], l'homme dans sa totalité n'est pas compris comme holistique alors même que le contexte des années 1970 pourrait interpréter en ce sens l'émergence de nouveaux modèles de relation entre esprit-corps-monde. Pour l'auteur, le vocabulaire fonctionnaliste du modèle techniciste du corps, trouve dans le système neuromusculaire volontaire des modes de réduction de l'effort.

Ainsi, l'ajustement du corps au monde trouve dans le modèle économique du capitalisme analysé par Marx, des

1. *Ibid.*, p. 643.
2. M. Bernard, « L'ambivalence du corps », *Esprit*, n° 5, mai, 1975, p. 725.
3. *Ibid.*, p. 726.

modes de rendement qui cautionneraient sa maîtrise et l'amélioration des qualités psychologiques. M. Bernard regrette que « Le corps dont parle le discours de l'éducation physique, soit un corps désérogénéisé, désexualisé et même asexué »[1]. La manière dont on en discourt se traduit par une multiplicité et une diversité de modèles qui entretiendraient une ambiguïté, car « Seul le corps est lieu et processus éducatif, puisque c'est en lui que s'opère, s'accomplit l'activité de structuration symbolique du monde dont notre langage est le moteur fondamental, en même temps que le témoin principal »[2].

---

1. M. Bernard, « L'ambivalence du corps », art. cit., p. 734.
2. *Ibid.*, p. 738.

PIERRE DE COUBERTIN

LES ASSISES PHILOSOPHIQUES
DE L'OLYMPISME MODERNE [1]

Invité à inaugurer, comme fondateur et président d'honneur des Jeux olympiques, les messages radiodiffusés qui vont en commenter la signification, j'ai accepté avec empressement cet honneur et je ne crois pas pouvoir y mieux répondre qu'en exposant ici ma pensée initiale et les bases philosophiques sur lesquelles j'ai cherché à faire reposer mon œuvre.

1. Pierre de Coubertin : « Les Assises philosophiques de l'Olympisme moderne », Message radiodiffusé de Berlin le 4 août 1935, *Le Sport Suisse*, 31ᵉ année, 7 août 1935, p. 1. Présentation de Patrick Clastres, (Univ. Lausanne) : « En cette même année 1935, le message de Pierre de Coubertin est publié sous la forme d'une brochure de 4 pages par *Le Sport Suisse*. Il figure en version française et en version allemande dans la brochure *Pax Olympica* (p. 8-16 et p. 17-26) éditée en 1935 par le Comité d'organisation des jeux de la XIᵉ olympiade (Berlin 1936). Sous ce même titre, mais par extraits seulement, il est présent dans l'hebdomadaire *Pro Sport* (13ᵉ année, 5 août 1935, n° 31, p. 1). Il apparaît également dans sa version allemande et sous le titre « Olympische Gedanken » dans la *Olympische Rundschau*, (3ᵉ année, juillet 1940, n° 10, p. 1-3), soit la mouture de la *Revue olympique* passée sous contrôle nazi depuis 1938. Enfin, il fera partie du corpus des textes de Coubertin rassemblés en 1966 par Liselott Diem sous le titre *L'Idée olympique. Discours et essais* (Cologne, Carl-Diem-Institut, p. 129-132). »

La première caractéristique essentielle de l'olympisme ancien aussi bien que de l'olympisme moderne, c'est d'être une *religion*. En ciselant son corps par l'exercice comme le fait un sculpteur d'une statue, l'athlète antique « honorait les dieux ». En faisant de même, l'athlète moderne exalte sa patrie, sa race, son drapeau. J'estime donc avoir eu raison de restaurer dès le principe, autour de l'olympisme rénové, un sentiment religieux transformé et agrandi par l'Internationalisme et la Démocratie qui distinguent les temps, actuels, mais le même pourtant qui conduisait les jeunes hellènes ambitieux du triomphe de leurs muscles au pied des autels de Zeus. De là découlent toutes les formes cultuelles composant le cérémonial des Jeux modernes. Il m'a fallu les imposer les unes après les autres à une opinion publique longtemps réfractaire et qui ne voyait là que des manifestations théâtrales, des spectacles inutiles, incompatibles avec le sérieux et la dignité de concours musculaires internationaux. L'idée religieuse sportive, la *religio athletae* a pénétré très lentement l'esprit des concurrents et beaucoup parmi eux ne la pratiquent encore que de façon inconsciente. Mais ils s'y rallieront peu à peu.

Ce ne sont pas seulement l'Internationalisme et la Démocratie, assises de la nouvelle société humaine en voie d'édification chez les nations civilisées, c'est aussi la Science qui est intéressée en cela. Par ses progrès continus, elle a fourni à l'homme de nouveaux moyens de cultiver son corps, de guider, de redresser la nature, et d'arracher ce corps à l'étreinte de passions déréglées auxquelles, sous prétexte de liberté individuelle, on le laissait s'abandonner.

La seconde caractéristique de l'olympisme, c'est le fait d'être une *aristocratie*, une *élite*; mais, bien entendu, une aristocratie d'origine totalement égalitaire puisqu'elle n'est déterminée que par la supériorité corporelle de l'individu et par ses possibilités musculaires multipliées jusqu'à un certain degré par sa volonté d'entraînement. Tous les jeunes hommes ne sont pas désignés pour devenir des athlètes. Plus tard on pourra sans doute arriver par une meilleure hygiène privée et publique et par des mesures intelligentes visant au perfectionnement de la race, à accroître grandement le nombre de ceux qui sont susceptibles de recevoir une forte éducation sportive ; il est improbable qu'on puisse jamais atteindre beaucoup au delà de la moitié ou tout au plus des deux tiers pour chaque génération. Actuellement, nous sommes, en tous pays, encore loin de là ; mais si même un tel résultat se trouvait obtenu, il n'en découlerait pas que tous ces jeunes athlètes fussent des « olympiques », c'est-à-dire des hommes capables de disputer les records mondiaux. C'est ce que j'ai exprimé par ce texte (traduit déjà en diverses langues) d'une loi acceptée inconsciemment dans presque tout l'univers : « Pour que cent se livrent à la culture physique, il faut que cinquante fassent du sport ; pour que cinquante fassent du sport, il faut que vingt se spécialisent ; pour que vingt se spécialisent, il faut que cinq soient capables de prouesses étonnantes. »

Chercher à plier l'athlétisme à un régime de modération obligatoire, c'est poursuivre une utopie. Ses adeptes ont besoin de la « liberté d'excès ». C'est pourquoi on leur adonné cette devise : *Citius, altius, fortius,* Toujours plus vite, plus haut, plus fort, la devise de ceux qui osent prétendre à abattre les records !

Mais être une élite ne suffit pas ; il faut encore que cette élite soit une *chevalerie.* Les chevaliers sont avant tout des « frères d'armes », des hommes courageux, énergiques, unis par un lien plus fort que celui de la simple camaraderie déjà si puissant par lui-même ; à l'idée d'entraide, base de la camaraderie, se superpose chez le chevalier l'idée de concurrence, d'effort opposé à l'effort pour l'amour de l'effort, de lutte courtoise et pourtant violente. Tel était l'esprit olympique de l'antiquité dans son principe pur ; on aperçoit aisément de quelle conséquence immense peut être l'extension de ce principe dès qu'il s'agit de compétitions internationales. On a pensé, voici quarante ans, que je me faisais des illusions en voulant restaurer l'action de ce principe aux Jeux olympiques modernes.

Mais il devient évident que non seulement ce principe peut et doit exister dans la circonstance solennelle de la célébration olympique quadriennale mais que déjà il se manifeste dans des circonstances moins solennelles. De nation à nation son progrès fut lent mais ininterrompu. Il faut maintenant que son influence gagne les spectateurs eux-mêmes et cela aussi déjà s'est produit, par exemple à Paris lors du match de football du 17 mars dernier. On en doit tenir à ce que dans de telles occasions – et bien plus encore aux Jeux olympiques – les applaudissements s'expriment uniquement en proportion de l'exploit accompli, et en dehors de toute préférence nationale. Tous sentiments nationaux exclusifs doivent alors faire trêve et pour ainsi parler « être mis en congé provisoire ».

L'idée de *trêve*, voilà également un élément essentiel de l'olympisme ; et elle est étroitement associée à l'idée de *rythme*. Les Jeux olympiques doivent être célébrés sur un rythme d'une rigueur astronomique parce qu'ils constituent la fête quadriennale du printemps humain, honorant l'avènement successif des générations humaines. C'est pourquoi ce rythme doit être maintenu rigoureusement. Aujourd'hui, comme dans l'antiquité d'ailleurs, une Olympiade pourra n'être pas célébrée si des circonstances imprévues viennent à s'y opposer absolument, mais l'ordre ni le chiffre n'en peuvent être changés.

Or le printemps humain, ce n'est pas l'enfant ni même l'éphèbe. De nos jours, nous commettons en beaucoup de pays sinon tous, une erreur très grave, celle de donner trop d'importance à l'enfance et de lui reconnaître une autonomie, de lui attribuer des privilèges exagérés et prématurés. On croit ainsi gagner du temps et accroître la période de production utilitaire. Cela est venu d'une fausse interprétation du *Time is money*, formule qui fut celle, non d'une race ou d'une forme de civilisation déterminée mais d'un peuple – le peuple américain – traversant alors une période de possibilités productrices exceptionnelle et transitoire.

Le printemps humain s'exprime dans le *jeune adulte*, celui qu'on peut comparer à une superbe machine dont tous les rouages sont achevés de monter et qui est prête à entrer en plein mouvement. Voilà celui en l'honneur de qui les Jeux olympiques doivent être célébrés et leur rythme, organisé et maintenu parce que c'est de lui que dépendent le proche avenir et l'enchaînement harmonieux du passé à l'avenir.

Comment mieux l'honorer qu'en proclamant autour de lui, à intervalles réguliers fixés à cet effet, la cessation temporaire des querelles, disputes et malentendus ? Les hommes ne sont pas des anges et je ne crois pas que l'humanité gagnerait à ce que la plupart d'entre eux le devinssent. Mais celui-là est l'homme vraiment fort dont la volonté se trouve assez puissante pour s'imposer à soi-même et imposer à la collectivité un arrêt dans la poursuite des intérêts ou des passions de domination et de possession, si légitimes soient elles. J'admettrais fort bien pour ma part de voir, en pleine guerre, les armées adverses interrompre un moment leurs combats pour célébrer des Jeux musculaires loyaux et courtois.

De ce que je viens d'exposer, on doit conclure que le véritable héros olympique est, à mes yeux, *l'adulte mâle individuel*. Faut-il alors exclure les sports d'équipes ? Ce n'est pas indispensable, si l'on accepte un autre élément essentiel de l'olympisme moderne comme il le fut de l'ancien olympisme : l'existence d'une *Altis* ou enceinte sacrée. Il y avait à Olympie bien des événements qui se passaient en dehors de l'*Altis* ; toute une vie collective palpitait à l'entour sans toutefois avoir le privilège de se manifester à l'intérieur. L'Altis même était comme le sanctuaire réservé au seul athlète consacré, purifié, admis aux épreuves principales et devenu ainsi une sorte de prêtre, d'officiant de la religion musculaire. De même, je conçois l'olympisme moderne comme constitué en son centre par une sorte d'*Altis* morale, de *Burg* sacré où sont réunis pour affronter leurs forces les concurrents des sports virils par excellence, des sports qui visent la défense de l'homme et sa maîtrise sur lui-même, sur le péril, sur les éléments, sur l'animal, sur la vie : gymnastes, coureurs, cavaliers, nageurs et rameurs, escrimeurs et lutteurs – et puis à l'entour toutes les autres manifestations de la vie sportive que l'on voudra organiser tournois de football et autres jeux, exercices par équipes, etc. Ils seront ainsi à l'honneur comme il convient, mais en second rang. Là aussi les femmes pourraient participer si on le juge nécessaire. Je n'approuve pas personnellement la participation des femmes à des concours publics, ce qui ne signifie pas qu'elles doivent s'abstenir de pratiquer un grand nombre de sports, mais sans se donner en spectacle. Aux Jeux olympiques leur rôle devrait être surtout, comme aux anciens tournois, de couronner les vainqueurs.

Enfin un dernier élément : la *beauté*, par la participation aux Jeux, des Arts et de la Pensée. Peut-on en effet célébrer la fête du printemps humain sans y inviter l'Esprit ? Mais alors surgit cette question si haute de l'action réciproque du muscle et de l'esprit, du caractère que doivent revêtir leur alliance, leur collaboration.

Sans doute l'Esprit domine ; le muscle doit demeurer son vassal mais à condition qu'il s'agisse des formes les plus élevées de la création artistique et littéraire et non de ces formes inférieures auxquelles une licence sans cesse grandissante a permis de se multiplier de nos jours pour le grand dommage de la Civilisation, de la vérité et de la dignité humaines, ainsi que des rapports internationaux.

Sur le désir qu'il m'avait été donné de formuler, je sais que les Jeux de la XIᵉ Olympiade s'ouvriront aux accents incomparables du Final « de la IXᵉ Symphonie de Beethoven, chanté par les masses chorales les plus puissantes. Rien ne pouvait me réjouir davantage car ce Final a commencé dès l'enfance de m'exalter et de me transporter. Par ses harmonies, il me semblait communiquer avec le Divin. J'espère que, dans l'avenir, les chants choraux si bien faits pour traduire la puissance des aspirations et des joies de la jeunesse accompagneront de plus en plus le spectacle de ses exploits olympiques. Et j'espère de même que l'Histoire prendra aux côtés de la Poésie une place prépondérante dans les manifestations intellectuelles organisées autour des Jeux et à leur occasion. Cela est naturel car l'Olympisme appartient à l'Histoire. Célébrer les Jeux olympiques, c'est se réclamer de l'Histoire.

Aussi bien c'est elle qui pourra le mieux assurer la Paix. Demander aux peuples de s'aimer les uns les autres n'est qu'une manière d'enfantillage. Leur demander de se respecter n'est point une utopie, mais pour se respecter, il faut d'abord se connaître. L'histoire universelle telle que désormais on peut l'enseigner en tenant compte de ses exactes proportions séculaires et géographiques, est le seul véritable fondement de la véritable paix[1].

Parvenu au soir de ma journée, j'ai profité de l'approche des Jeux de la XIe Olympiade pour vous exprimer mes vœux avec mes remerciements et, en même temps, vous dire ma foi inébranlable dans la jeunesse et l'avenir !

---

1. Pour plus de détails, *cf.* Pierre de Coubertin, *Pédagogie sportive,* textes choisis et présentés par G. Rioux, Paris, Vrin, 1972.

Alice Milliat

ÉDITORIAL DE *LA FEMME SPORTIVE* [1]

Les discours et leurs reflets, les articles, sont de bonnes armes de propagande : il paraît même que la race française est experte dans ce genre de… sport. Mais trop de discours et d'écrivains pourraient prendre cette devise : « Faites ce que je dis, ne faites pas ce que je fais. » Il convient donc, à la parole et au mot, d'ajouter l'action.

C'est ce que font nos sociétés féminines qui vont, chaque année, prêcher d'exemple dans les régions où l'éducation physique et sportive féminine est peu ou pas connue. Nous croyons qu'il n'y a pas d'exemple que nos sociétés aient jamais refusé leur concours aux organisateurs de province qui ont fait appel à elles, soit directement, soit par l'intermédiaire de la Fédération.

C'est que toutes comprennent qu'il ne faut pas garder pour elles seules les bienfaits des saines pratiques sportives, qu'il faut convertir aux exercices de plein air les gens les plus timorés, et que la grande famille qu'est notre Fédération doit s'accroître toujours davantage pour que son œuvre, d'intérêt national, soit impérissable.

1. A. Millat, Éditorial de *La femme sportive* (Organe mensuel de la Fédération des Sociétés féminines sportives de France), 1er mars 1922. Textes choisis par Florence Carpentier (Univ. Lausanne).

Nous avons la bonne fortune de nous être vouées à un culte dont les pratiques voilent l'austérité relative du but à atteindre d'un intérêt immédiat pour les jeunes filles et jeunes femmes qui ont, les premières, bravé l'hydre des préjugés et conventions sociales. Tout d'abord, les moins portées à l'analyse ressentent un bien-être physique si évident et le ressentent si vivement qu'elles sont des apôtres convaincues de l'éducation physique par les méthodes rythmiques ou autres, par le sport individuel ou d'équipes. Et puis le nombres d'intellectuelles que comptent nos groupements est sans cesse grandissant ; celles-là nous sont des auxiliaires très précieuses, car elles savent opposer des arguments de valeurs aux tardigrades qui voient dans le développement de l'éducation physique et sportive féminine un signe de dépravation des mœurs et de danger physique et social ! Ne riez pas. De tels phénomènes existent et nous ne trouvons des spécimens dans les assemblées réputées les plus doctes et les plus savantes. Que de bêtises le désir de trancher tout au scalpel n'a-t-il pas fait dire ! De quel droit de prétendues « lumières » de la science décrètent-elles, en même temps que nombre d'ignorants : « Tels exercices conviennent à la femme, tels autres lui sont nuisibles ? ». Qui peut le dire avec certitude à l'heure actuelle ?

Rangeons-nous donc à l'avis de nos doctoresses qui, joignant la pratique au savoir, déclarent que seules les études faites sur plusieurs générations permettront de déterminer, avec quelque chance d'éviter des erreurs, quels sont les sports qu'une femme peut pratiquer sans danger et utilement. Et bornons-nous à constater que les adeptes du sport, individuel ou d'équipes, se sont splendidement développées au point de vue physique et ont déjà fourni nombre de mères de beaux enfants.

Laissons-les donc à la joie personnelle de sentir leurs poumons se fortifier et se dilater, leur sang mieux circuler dans leurs veines, leur cerveau plus propre à un travail intellectuel et leur jugement mieux équilibré.

Et surtout encourageons-les dans leurs efforts pour amener sur les terrains où elles s'ébattent les personnes qui jettent l'anathème sur le sport féminin sans s'être jamais donné la peine d'en venir voir les démonstrations. Aidons-les à faire de la propagande utile en allant en province faire la guerre aux préjugés. Elles ont à leur actif nombre de victoires puisque, depuis quelques mois, la région parisienne ne compte plus qu'un tiers de notre effectif total. Parfois la semence est longue à lever, mais partout où nos sportives sont passées elles s'est trouvé des dévouées pour la faire germer et ils recueillent, un jour ou l'autre, la récompense de leurs patients efforts.

Notre propagande ne s'est pas bornée au terrain national ; depuis deux ans nous avons étendu notre action sur l'étranger et nous pouvons, avec fierté, dire aujourd'hui que nos relations sont effectives avec tous les continents. Nos voyages hors de France ne constituent pas seulement d'agréables déplacements pour nos sportives, ce sont aussi des manifestations de propagande nationale ainsi qu'ont si bien su le remarquer les chefs des municipalités anglaises nous ayant fait l'honneur de réceptions solennelles.

Certes, pour ces déplacements en France et hors frontières, il y a beaucoup de postulantes et peu d'élues, mais les sacrifiées d'un jour doivent avoir la conviction que leur tour viendra, qu'elles auront plus tard l'honneur de représenter l'élite de l'éducation physique et sportive féminine française. A leurs familles, qui ont en nous toute confiance et qui jamais n'ont refusé de nous confier leurs enfants pour quelques jours, nous devons aussi nos

LE POUVOIR INTERNATIONAL
DU SPORT ATHLÉTIQUE FÉMININ [1]

Adam fut créé le premier d'un peu de glaise, puis, d'une de ses côtés, le Créateur fit surgir Eve. C'est du moins ce que la Bible nous apprend. Or, dès cet instant, l'Homme, estimant sans doute que la glaise valait mieux que sa côte, considéra la Femme comme un être inférieur que l'on doit, suivant son tempérament et les latitudes, traiter en machine à produire travail, enfants, plaisirs et bien-être masculins, en l'entourant parfois de la sollicitude d'un empereur envers un de ses sujets favoris.

De siècle en siècle, cette mentalité s'est un peu modifié dans un nombre de pays, mais il n'en est pas moins vrai que la femme a encore beaucoup à lutter pour faire admettre sa valeur dans les différentes catégories de la vie sociale ; le sport est venu à propos pour lui donner la vigueur physique génératrice de la force morale, mais dans ce domaine, comme dans tous les autres, elle s'est trouvée aux prises avec l'atavique esprit de domination masculin. A ses débuts, le sport féminin réglementé n'a trouvé l'aide que de quelques illuminés qui y consacrent toujours leur dévouement et leur expérience ; il a, par contre, rencontré

1. A. Millat, « Le pouvoir international du sport athlétique féminin. La mainmise masculine a été un échec retentissant », *L'Auto*, 15 février 1923, p. 4.

beaucoup d'embûches, de malveillance, de moquerie. Il a triomphé ! Et c'est alors que la main-mise masculine a essayé de se produire ; ce fut un échec retentissant.

Les sportives voulurent leur pouvoir international. Il fut créé et prospéra si bien que de mesquines jalousies firent provoquer une enquête par l'IAAF, pour savoir si ce groupement devait régir le sport athlétique féminin. Le comité désigné pour étudier la question l'a fait avec une largeur de vues, une élévation d'esprit qui est une déception pour les provocateurs de cette mesure.

Appelée à prendre part à la discussion, je me suis prononcée contre le rattachement du sport féminin à l'IAAF, mais pour la conclusion d'une entente entre ce groupement et notre Fédération Sportive Féminine Internationale. Notre FSFI a fait ses preuves, et le travail accompli par elle a pesé dans la balance des délibérations, à tel point qu'il me valut de la part de M. Reichel une déclaration ne laissant place à aucune équivoque. Il comprit parfaitement que l'honnêteté la plus élémentaire consiste à ne pas s'approprier le travail d'autrui, et que la compétence de ceux qui étudient et dirigent le sport féminin depuis si longtemps impose le respect. Mais deux puissances peuvent très utilement conclure une alliance, et si le congrès de la IAAF adopte cette manière de voir, – la seule acceptable pour nous, – notre travail pourra se continuer de plus en plus efficacement, sans lui soustraire une partir de nos moyens pour une lutte peu souhaitable.

Les autres questions envisagées par le comité d'enquête dépendent toutes de la solution apportée à la première ; les délégués ont cru cependant devoir les examiner dès maintenant. Il faudrait y consacrer de longues considérations ; je m'en abstiens, la place m'étant mesurée, mais je tiens à dire que si je suis d'avis que les épreuves athlétiques féminines ne doivent pas figurer au programme des Jeux olympiques masculines, je soutiens, par contre, que des rencontres internationales entre sportives sont indispensables, en matches à deux ou trois chaque année et en grandioses réunions périodiques. C'est ce que nous avons voulu démontrer par les premiers jeux olympiques féminins en août 1922. M. Reichel peut nous contester le droit de les dénommer ainsi, mais le principe est indiscutable. De même que pour la prospérité d'un club il lui faut se mesurer à ses voisins, de même une nation ne se développera sportivement que si elle entre en lutte loyale avec les autres pays.

Des questions de règlements et détermination d'épreuves n'ont heureusement été qu'effleurées par le comité d'enquête, qui aurait eu à cet égard deux seules solutions à choisir : soit adopter ceux que nous avons établis après des années d'études, soit s'imposer à lui-même des recherches fort longues pour essayer de juger en connaissance de cause.

Enfin, ce comité a voulu terminer ses travaux en émettant un vœu empreint du plus pur idéalisme : celui de voir toutes les réunions féminines se dérouler devant un public d'invités et, pour cette réalisation, de voir les Pouvoirs publics distribuer des subsides suffisants ! ! Les groupements féminins savent que les difficultés financières ils rencontrent et si ils attendent des Pouvoirs publics des deniers suffisants pour vivre, il leur faudra patienter encore bien longtemps, à moins que… un bulletin de vote vienne leur mettre aux mains l'instrument de succès le plus puissant. »

MICHEL BERNARD, CHRISTIAN POCIELLO,
GEORGES VIGARELLO

ITINÉRAIRE DU CONCEPT
D'ÉDUCATION PHYSIQUE [1]

Non seulement le concept d'éducation physique, partagé entre les discours idéaux et les pratiques très concrètes ne peut échapper à une certaine indétermination, mais encore il n'échappe pas à l'histoire. La sienne ne commence pas nécessairement avec l'apparition du terme, au moins déjà devrait-elle être marquée par lui. Repérer quelques-unes de ces étapes, c'est sans doute mieux comprendre le sens et les fluctuations de ce concept, le rôle qu'a joué l'institution scolaire à son égard ; c'est aussi mieux comprendre les tentatives actuelles proposant de nouveaux termes qui en renouvelleraient les frontières.

Le mot « éducation physique » n'apparaît que dans la deuxième moitié du XVIIIᵉ siècle. Ballexerd, médecin à Lausanne, l'introduit en 1762 [2]. Cette apparition, jugée tardive, étonne toujours. On pourrait penser qu'elle vient simplement confirmer et arrêter un concept déjà existant. De fait, si l'on donne à l'éducation physique une dimension

---

1. M. Bernard, Chr. Pociello, G. Vigarello, « Itinéraire du concept d'éducation physique », *Esprit* n° 5, mai 1975.
2. En traduisant le livre de Locke, *Pensées sur l'Éducation* (1963), Gabriel Compayré a en 1882 intitulé le premier chapitre « Éducation physique » ; Paris, Vrin, 1992. Mais le texte anglais ne porte pas de titre.

spécifiquement scolaire, celle en partie confirmée institutionnellement aujourd'hui, ce concept apparaît à la Renaissance. Le corps devient un objet de préoccupations trouvant une dimension précise dans des réalisations scolaires, alors qu'il est absent des établissements du Moyen Âge. Vittorio da Feltre propose promenades et jeux, à la fois délassements et apprentissage de l'observation aussi bien qu'éléments d'amélioration de la santé et des différentes fonctions[1]. Il semble le premier à avoir introduit la gymnastique à l'école. Elle se trouve donc liée à l'instruction et à l'enseignement scolaire. De même, dans les premiers collèges de jésuites en France les jeux éducatifs sont pratiqués et encouragés.

Si l'on donne à l'éducation physique un sens moins institutionnel pour privilégier plus spécifiquement le discours éducatif, la Renaissance encore marquerait l'apparition d'un tel concept. L'exercice physique du noble ne correspond plus à la formation professionnelle du futur chevalier, mais participe à un ensemble où la « bonne grâce » physique et son amélioration a une place négligeable. Le courtisan de Balthazar Castiglione doit dégager une impression d'équilibre, d'aisance de mouvements et de souplesse telle « *qu'il semble que son corps et ses membres y soient naturellement et sans aucune peine disposés encore qu'il ne fasse autre chose*[2] ». Les usages mondains, mais aussi une insistance sur la santé et la place du corps commencent, à la Renaissance, à influencer les contenus et les fins de l'éducation.

---

1. *Cf.* J. Ulmann, *De la gymnastique aux sports modernes*, Paris, Vrin, 2ᵉ éd., 1997, p. 150. Sur le problème de l'hellénisme et sur la place ambiguë qu'il fait au corps, nous renvoyons à ce même couvrage (p. 164165) dont nous tenons à souligner l'intérêt.

2. Balthazar Castiglione, *Le courtisan*, Paris, 1585, p. 12.

Demeure pourtant le fait que le terme d'éducation physique n'apparaît que dans la deuxième moitié du XVIII e siècle. Faut-il y voir le symptôme d'un changement important ? Il est certain, par exemple, que l'apparition du mot « éducation » au XVI e siècle est contemporaine de l'émergence de nouveaux thèmes : en particulier le remplacement de l'instruction et de la formation professionnelle par un concept plus large, faisant référence à une nouvelle culture, la culture générale de l'humanisme. La création d'un terme ne vient pas vraiment s'ajuster à un concept préexistant ; elle ne manque pas de porter avec elle une nuance originale. La langue, nous le savons, n'est pas une simple nomenclature étiquetant des notions préalablement arrêtées.

L'apparition du mot « éducation physique » s'accompagne apparemment de ruptures dans l'intérêt porté au monde physique de l'enfance. Deviennent dominantes les préoccupations concernant la nourriture, l'habillement, les problèmes plus largement hygiéniques, ainsi que la place faite à l'exercice physique. A vrai dire, ce n'est pas le thème concernant la maladie infantile qui est nouveau ou le conseil à la nourrice et aux parents ; ce qui l'est, c'est l'ensemble des gestes dans lesquels va bientôt se trouver insérée l'enfance, ainsi que leur justification. Les traités de pédiatrie sont nombreux dans la deuxième moitié du XVIII e siècle et multiplient les perspectives novatrices : libération du vêtement pour permettre une plus large disposition du corps, pureté de l'air que doit respirer l'enfant, importance de l'exercice pour éviter que « *l'espèce humaine dégénère insensiblement en Europe* [1] ». La querelle bien connue autour de la

---

1. Ballexerd, *Dissertation sur l'éducation physique des enfants de leur naissance jusqu'à l'âge de la puberté*, Paris, 1762, p. 25.

suppression du maillot fait de bandes comprimantes, destinées à mouler le corps du très jeune enfant, est pleine de sens. Dans un cas, l'image de membres conçus comme de la cire, soumis et une correction permanente : dans l'autre cas des membres se renforçant par l'exercice même et puisant dans les forces « *naturelles* » l'affermissement de leurs contours. Par ailleurs, une place remarquée est attribuée au rôle du mouvement corporel, afin de redresser les enfants « *contrefaits* » par Andry qui, en 1741, crée le mort d'orthopédie. Sous les analogies répétées du jaillissement et du mouvement de la nature, sous la référence d'un corps, centre des sensations aussi bien que lieu de perfectionnement de facultés diverses, émerge l'insistance nouvelle de prévenir une éventuelle dégénération de l'espèce et la nécessité de lutter contre « *les constitutions tendres, faibles et cacochymes* [1] » ; émerge aussi une attention plus minutieuse aux positions du corps, aux formes et à l'efficacité de ses déplacements. Lentement s'élabore un espace rigoureux où il s'exerce et se perfectionne selon des normes appelées à se renforcer [2]. Sur le thème de la libération par la nature viendront s'élaborer à la fin du siècle des exercices précis et répétitifs témoignant que ce regard nouveau sur le corps n'est pas sans l'enfermer dans un réseau de contraintes et de surveillance. Il semble que cette attitude, d'abord médicale, innove dans l'enrichissement des intérêts et des justifications données à ces démarches. Il semble surtout qu'elle s'éprouve liée plus intimement aux discours finalistes de l'éducation. En combattant la rigueur coercitive du maillot, en s'attachant aux modes de

1. Vendermonde, *Essai sur la manière de perfectionner l'espèce humaine*, Paris, 1756, t. 1, p. 9.

2. La problématique développée par Michel Foucault dans *Surveiller et punir*, Paris, P.U.F., 1975, p. 151-158, nous paraît à cet égard décisive.

vie physique de l'enfant, elle se trouvait très vite à la lisière de préoccupations pédagogiques. L'enfance a une spécificité non seulement psychologique (ce qui est une prise de conscience du XVIII e siècle), mais aussi physique, qui réclame assistance et soins très spécifiques.

L'enfant doit être soumis à une véritable « *éducation médicinale* »[1]. Plusieurs termes apparaissent donc, qui seront souvent en situation d'équivalence : éducation physique, éducation médicale, éducation corporelle : les livres de Ballexerd : *Dissertation sur l'éducation physique des enfants* (1762) et de Desessartz : *Traité de l'éducation corporelle des enfants en bas âge* (1760) abordent un ensemble de préoccupations identiques : l'usage ou le refus du maillot, du corset, la nature des aliments, les soins de propreté, les exercices physiques. Le maître d'éducation physique dans l'établissement d'éducation de Verdier en 1772 est, entre autres, « *chargé de veiller sur la propreté des élèves, de leur corps, de leur habillement, et sur celle des appartements*[2] ». Se rejoignent donc deux pratiques : celle de l'hygiène enrichie d'une luxuriance nouvelle de détails, allant des précisions sur le vêtement jusqu'à la vigilance à l'égard de l'air respiré, et celle, plus pédagogique, concernant la forme même des exercices physiques proposés. Sur ce dernier point, avons-nous dit, les ruptures sont amorcées. Seuls, les jeux étaient auparavant mentionnés dans ce cadre, avec quelques activités traditionnelles telles que l'escrime ou l'équitation, dont le caractère noble ne peut échapper. Au XVIII e siècle, le mouvement corporel semble recevoir une dimension plus construite et plus spécialisée. Andry s'attarde à décrire les mouvements

1. Brouzet, *Essai sur l'éducation médicinale des enfants et de leurs maladies*, Paris, 1754.
2. Verdier, *Cours d'éducation*, Paris, 1772, p. 376.

efficaces pour redresser la colonne vertébrale ou prévenir sa déformation. Verdier, à son tour, proposera des « *exercices appropriés* »[1] aussi bien pour les enfants normaux que pour ceux atteints de difformités. Se profile un contenu original que pourraient recevoir les exercices physiques, éloignés des simples jeux en usage, par exemple, dans les écoles jésuites depuis le XVIᵉ siècle.

Certes, les préoccupations nouvelles sont contemporaines de décalages s'opérant dans la culture et la société du XVIIIᵉ siècle ; une réaction contre la vie jugée artificielle des salons et contre une politesse ressentie parfois comme trop proche de la mièvrerie. De même apparaissent les premières prises de conscience d'un urbanisme « *limitant* » la vie corporelle. Les lumières à leur tour ne sont pas étrangères à une attention nouvelle donnée aux sens et à la vie physique. Une industrialisation encore balbutiante impose enfin des visées de rationalisation à l'égard de l'efficacité corporelle. Les corps se font souples et dociles selon une logique du contrôle et du renforcement musculaire. Ils subissent progressivement les exigences d'un regard technologique.

L'apparition du terme « éducation physique » en est-elle pour autant justifiée ? Sans aucun doute, l'adjonction du mot éducation au mot physique n'est pas étrangère à la brutale inflation de ce premier terme au XVIIIᵉ siècle. Sans innover sur le principe d'un rôle éducatif attribué au mouvement corporel, elle s'accompagne néanmoins, nous l'avons montré, de thèmes nouveaux qui en précisent et en étendent l'importance. Mais il faut dire plus : le terme « éducation physique » rassemble un certain nombre de

---

1. Verdier (fils), *Discours sur un nouvel art de développer la belle nature et de guérir les difformités*, Paris, 1784, p. 7.

pratiques corporelles auxquelles le seul terme de
« gymnastique » ne pouvait plus répondre. Cette dernière
n'est maintenant qu'une partie du réseau de gestes
consciemment éducatifs, centrés sur le corps de l'enfant.
L'éducation physique reçoit un sens qui n'est pas celui
d'aujourd'hui et qui concerne l'ensemble des préoccupations
familiales et scolaires chargé d'inscrire des normes sur ce
même corps. C'est bien un regroupement d'intérêt sur la
vie physique, qui semble visé, ainsi que l'homogénéisation
de démarches jusque là plus séparées ou moins définies.
La nature est le point de repère qui leur donne une référence
unitaire. Le livre de Ballexerd est publié la même année
que l'*Emile*, dont les prises de position fondamentales sont
proches. Cette éducation physique, au domaine extrêmement
global, privilégie encore la pédagogie familiale où le corps
est appelé à recevoir une attention instruite et quotidienne.
Ce qui n'est pas étonnant si nous songeons à la place
nouvelle que prend au XVIII e siècle l'intimité de la famille.
Quant au privilège accordé au mot éducation « physique »
par rapport à celui d'éducation « corporelle », il semble
en liaison avec un glissement opéré par ailleurs durant le
XVIII e siècle. A l'opposition âme-corps se substitue dans
le discours des futures sciences de l'homme l'opposition
moral-physique. A des termes renvoyant à la métaphysique
se substituent donc ici des termes renvoyant à l'anthropologie
et dénotant des facultés.

Ce sens étendu du mot éducation physique semble
toutefois disparaître avec la fin du XVIII e siècle. Tout
d'abord, parmi les éléments qui, pour l'instant, la composent,
la gymnastique va acquérir une extension théorique et
pratique qui la transfigurera. Les exercices physiques
reçoivent un contenu jusque là insoupçonné : apparaissent
des gymnases où une floraison d'instruments fixes et

mobiles imposent leur forme aux mouvements ; par ailleurs, des tentatives de classifications multiplient leurs formes et leurs catégories de même que leurs objectifs et en particulier, avec l'industrie naissante, leur rôle possible dans la formation au métier.

D'autre part, dans le débat amorcé au XVIII e siècle, sur la responsabilité de l'État dans l'éducation, la cause de son intervention gagne du terrain. Les plans éducatifs s'étendront davantage sur la gymnastique et sa place dans l'enseignement que sur tous les problèmes hygiéniques laissés maintenant aux soins de la famille. Un colonel d'empire, espagnol jadis rallié à la cause napoléonienne, propose en 1820 un ensemble d'exercices qui, malgré sa rudesse et son militarisme, inaugure les formes contemporaines de gymnastique. Le commentaire autour de celle-ci prend donc une place grandissante dans les discours sur l'éducation physique, les autres secteurs devenant à la fois sous-entendus et abandonnés à la famille. Le mot éducation physique qui s'imposait par le regroupement de pratiques diverses se maintiendra pour se centrer généralement sur le domaine qui a le plus gagné en précision et en exigence : celui de la pédagogie du mouvement corporel. A partir d'Amoros, ce mot est souvent employé de façon équivalente avec le terme « gymnastique ». Dans l'encyclopédie moderne de Courtin, en 1828, c'est le second terme seul qui appelle un article. Dans la petite encyclopédie Moret, en 1858, Amoros publie un ouvrage séparé intitulé : *Manuel d'éducation physique.* L'article de 1828 (du même auteur) est repris intégralement en introduction. Les deux concepts semblent avoir maintenant même compréhension et même extension. Durant tout le XIX e siècle, cette ambiguïté demeurera. Le mot gymnastique, qui reviendra le plus souvent et sera dominant, a gagné seulement un supplément de sens où se trouve d'emblée affirmée une explicite volonté éducative ainsi que son étendue. Amoros la traduit dans un lyrisme crispé auquel la Restauration n'est pas étrangère : « *La pratique de toutes les vertus sociales, de tous les sacrifices les plus difficiles et les plus généreux sont ses moyens, et la santé, le prolongement de la vie, l'amélioration de l'espère humaine, l'augmentation de la force et de la richesse individuelle et publique, sont ses résultats positifs.* »[1].

L'héritage linguistique du XVIIIe siècle, se trouvera logiquement rassemblé, en ses composantes essentielles, dans la « Déclaration[2] » signée Triat-Dally du 1er mars 1848 : « *Les rapports officiels de la statistique, comme les observations de la Science, ayant constaté la dégénération physique de notre espèce* », il convient de rétablir d'urgence une « *éducation complète qui embrasse l'homme tout entier, et d'instituer au Ministère de l'instruction publique, une division spéciale de l'éducation physique, où l'on s'occupera de l'introduction immédiate de la gymnastique rationnelle dans toutes les Écoles[3]* ». Ainsi, s'appuyant sur l'idéologie biologique du temps, on souhaite que les techniques gymnastiques s'intègrent dans un système

---

1. Amoros, Article « gymnastique », *Encyclopédie Courtin*, Paris, 1824, t. 7, p. 625. Notons que le concept d'éducation physique dans le sens qu'il a au XVIe siècle, n'est pas complètement abandonné et « revient » encore dans des ouvrages comme ceux de A. Sicard, *De l'éducation physique et morale des enfants*, Paris, 1840, Richard de Nancy, *Traité sur l'éducation physique des enfants à l'usage des mères* , Paris, 1843. A. Sovet, *Éducation physique de l'enfance...*, Bruxelles, 1844, etc.

2. Document de la bibliothèque nationale : Lb[53] 1468.

3. Il est difficile de voir la part qui revient ici aux élans de générosité de la période révolutionnaire, et celle relative aux intérêts commerciaux attachés à l'éventualité de la diffusion nationale des gymnases.

éducatif et administratif plus vaste [1]. Le XIXe siècle, dans
son ensemble, fixera l'assimilation implicite des deux
termes, mais il est clair qu'en dépit de quelques glissements
sémantiques, il consacrera l'usage du terme « gymnastique ».
Nous pouvons considérer cette congruence comme le
résultat des effets successifs de quatre séries d'éléments.

– Un courant d'opinion, littéraire et mondain, naîtra
dans le cadre de la diffusion limitée des gymnases
commerciaux parisiens (vers 1855-1860). S'appuyant sur
ses relations avec les milieux journalistiques et les sphères
officielles, Eugène Paz, élève de Triat [2], pourra assurer la
publicité de ses idées en faveur de l'obligation de la
gymnastique dans les Écoles (1860-1870).

– La défaite militaire de 1870, semblant rétroactivement
justifier ces exhortations que les milieux d'opposition
n'avaient pas pu voir concrétisées, un vaste mouvement
populaire et patriotique accueillera favorablement les idées
de développement d'une gymnastique d'inspiration
militaire. En outre, la mise en cause de l'Enseignement
français, tenu pour responsable, et l'attrait des modèles
prussiens, stimulèrent, en même temps qu'un désir de
réforme, des activités physiques scolaires, la diffusion de
nombreuses « Sociétés de gymnastique » dans l'Est de la
France.

---

1. Déjà, M. A. Jullien, dans un *Essai général d'éducation*, indique
que « *la gymnastique est la partie essentielle et nécessaire de l'éducation
physique* », (2e édition, 1835).

2. Eugène Paz (1837-1901), journaliste, professeur et propagandiste
de la gymnastique, est envoyé en mission d'études en Europe, par le
Ministère de l'Instruction publique ; on connaît ses rapports avec Paul
Feval et Emile Zola. *Cf.* également, sa correspondance avec Victor Duruy
et Jules Simon, (dans *La gymnastique raisonnée*, Hachette, 1872).

– Assurant secondairement le prestige de l'École militaire de Joinville [1], ces conditions superstructurelles justifièrent la création de l'Union des « sociétés de gymnastique de France [2] » dont le poids socio-politique, assuré par une forte assise populaire et par la dominance de l'idéologie véhiculée, lui permettra de peser sur les décisions législatives et administratives de la fin du siècle [3].

L'examen attentif des textes officiels et l'étude des nombreux rapports de commissions (attestant d'une intensification des mesures administratives) est seul susceptible, en dépit de son caractère fastidieux de compilation, de rendre compte de la diffusion dans les milieux officiels des idées émises ailleurs, à travers une gradation de nuances révélatrice de l'officialisation prudente des termes. Il n'est pas sans intérêt, de remarquer que se répand l'usage du terme « gymnastique », au moment où, chez les premiers théoriciens français, se rassemblent les conditions théoriques et pédagogiques de sa substitution. En effet, la constitution d'un groupe relativement homogène de personnes, d'obédience positiviste, et véhiculant des idées conservatrices en matière politique, comme en matière d'éducation, sera à l'origine d'un renouvellement théorique du concept d'« éducation physique » [4]. Bénéficiant d'un milieu de culture riche et diversifié, il a pu proposer, en fonction de déterminations socio-politiques définies, une

1. L'École normale de gymnastique et d'escrime, fondée en 1852, est l'héritière de la gymnastique amorosienne « aux agrès ».

2. L'U.S.G.F., fondée en 1873, à l'instigation d'Eugène Paz, assurera la fédération des Sociétés de gymnastique. Elle jouera un rôle déterminant par l'institutionnalisation de la gymnastique et de l'éducation physique en France.

3. Notamment le vote de la loi d'obligation de la gymnastique dans tous les établissements d'Enseignement public (27 janvier 1880).

4. Georges Demeny, *Les bases scientifiques de l'éducation physique*, Alcan, 1902.

reformulation du concept, corrélativement à la diffusion de la biologie lamarckienne, et des progrès de la physiologie mécaniste. Il convient de s'interroger sur la nature de cette tentative de rationalisation scientifique de l'éducation physique, et de chercher les justifications idéologiques qui ont pu finalement déterminer le choix de ce concept, par Georges Demeny [1].

L'idée d'un « perfectionnement biologique » qui s'était progressivement dessinée, et l'idéologie des « ressources humaines » (dont on a pu repérer les prémisses technico-économiques dès la fin du XVIIIᵉ siècle) prendront plus de consistance, lorsque la zootechnie, prise pour modèle explicite [2], s'instaurera comme science, et que la « machine animale » entrera dans le champ d'une physiologie en plein essor. Si la collaboration de Marey et de Demeny s'est révélée déterminante dans ce cadre, l'influence du positivisme n'en fut pas moins décisive. Elle se révèle, en particulier, dans la création du concept d'« anthropotechnie », qui a pu constituer une articulation logique entre gymnastique et éducation physique.

a) La découverte d'un champ théorique relevant d'une application systématique des sciences biologiques au perfectionnement humain, exige un élargissement du concept de gymnastique, puisqu'il s'agit, en fait, de rompre avec les normes hygiénistes ou militaires jusqu'alors admises.

b) L'anthropotechnie comme tentative « d'exploitation industrielle » de l'organisme humain, répond bien à cet

1. *Cf.* Christian Pociello, *Physiologie et éducation physique au XIXᵉ siècle*. Thèse de Doctorat de 3ᵉ cycle (Sciences de l'éducation), Université Paris VII, 1974.

2. *Cf.* L'article de Pages sur « L'anthropotechnie », *Bulletin du Cercle de gymnastique rationnelle*, n° 15, décembre 1886.

élargissement et à cette rupture. Mais cette action, confiée aux « ingénieurs-biologistes », qui vise le perfectionnement physiologique individuel, ne profitera à la « race » qu'en vertu de l'hypothétique hérédité des caractères acquis. Donc, elle se verra elle-même débordée, par les dimensions socio-économiques de cette éducation (« résistance à la fatigue », aptitude au « travail soutenu », « capacité de l'homme en travail », etc.).

c) Procédant du changement de plan que révèle le passage du simple « entretien » à l'« exploitation » de la machine humaine, se dégage l'éventualité d'un appel à de nouvelles pratiques. Ainsi, c'est au cœur des débats des praticiens sur les influences respectives de la gymnastique de suspension et de la course, sur la fonction respiratoire, que se concentrent les questions essentielles.

En effet, l'intérêt porté ici, sur le mécanisme thoraco-pulmonaire et sur la fonction respiratoire – conçue comme le « moteur » de la machine – révèle la volonté d'accroître la capacité de travail de cette machine. Or, l'interrogation portée sur les meilleurs moyens pour obtenir cet accroissement, n'est pas indépendante des considérations socio-économiques sur l'« aptitude » à la production et au service armé. En effet le « fond » et la « résistance » sont reconnus au même moment, comme les principales qualités du travailleur[1] et du fantassin.

Et, en constatant qu'« un sujet a du fond quand il a du souffle[2] », Lagrange prépare l'introduction des nouvelles pratiques que représentent les activités athlétiques de type

---

1. *Cf.* C. Pages, *L'hygiène pour tous*, Naud, 2ᵉ éd., 1903, préface, p. VI.

2. Ce n'est plus dès lors sur l'intensité du travail, mais sur la durée que se déportera l'attention. *Cf.* F. Lagrange, *Physiologie des exercices du corps*, Alcan, 6ᵉ éd., 1892.

extensif, et amorce le retrait de la notion de gymnastique, devenue trop limitative. Comme cela vient d'être suggéré, nous devons donc nous attendre à constater des décalages sensibles entre, d'une part, les constructions théoriques et leurs expressions politico-administratives ; d'autre part, les textes officiels et l'usage courant. Pour les expliquer, il serait évidemment naïf d'évoquer les lenteurs d'un processus de diffusion. En fait, nous devons admettre qu'il s'agit là de l'effet d'entrecroisements idéologiques. C'est ce que nous suggère l'analyse des textes :

Le règlement Fortoul du 13 mars 1854, rendant la gymnastique obligatoire dans les lycées de l'Empire, ne diffère pas significativement du « Décret impérial relatif à l'enseignement de la gymnastique dans les établissements d'Instruction publique » du 3 février 1869. Il y est question de « leçons de gymnastique », de « maîtres de gymnastique » et « d'appareils de gymnastique ». Cette mise en place univoque du terme, répond à la tentative pour introduire à l'école les procédés de la gymnastique aux agrès, qui constituent la base de l'enseignement militaire de l'ÉSScole de Joinville et seront mis en œuvre par des cadres qui en sont issus. La chose n'est pas surprenante, si l'on tient compte des faits suivants :

L'armée « gardienne des valeurs » en même temps que garant de la stabilité des Institutions, est logiquement investie d'un rôle éducatif[1] », dépassant l'aspect « technique de préparation militaire qu'elle assume logiquement. L'École normale de gymnastique et d'escrime de Joinville, constituant le conservatoire et le seul champ d'expérimentation de la gymnastique de la tradition, devait fournir des

---

1. Voir Y. Joseleau, *Le rôle de l'armée dans l'évolution de l'enseignement des activités physiques en France*, Mémoire E.N.S.E.P.S., non publié, 1972.

instructeurs techniquement compétents. Enfin, les habitudes culturelles [1] et la structure architecturale du lycée napoléonien, dans leurs rapports avec le système pédagogique français, induiront et favoriseront ce type d'activités, qui ne demandent, pour s'exercer, que des espaces restreints et où l'élève est mis dans l'impossibilité matérielle de mal faire [2].

Depuis les « Instructions » de 1846, les règlements militaires (qui ont pu être appliqués dans l'enseignement pour les raisons précédemment données) puis les divers arrêtés et circulaires, et jusqu'à la publication, par l'Instruction publique, de ses premiers Manuels (1880-1882 et 1884), tous les textes témoignent de la généralisation exclusive du terme « gymnastique » » [3]. La première effraction de l'expression « éducation physique » dans les textes officiels, s'opère, à notre connaissance, dans le « Décret instituant une Commission interministérielle d'éducation

---

1. Il n'est pas sans intérêt de remarquer que la structure des gymnases parisiens, clos et couverts, ne nous paraît pas correspondre essentiellement à la fixation d'un goût pour les activités physiques confinées, qui semble commun aux peuples latins, et qu'avaient renforcé les tendances policées au XVIIe siècle français. La tradition pédagogique interdisant les sorties, l'administration lycéenne pouvait aisément puiser dans ces modèles et instaurer l'aménagement gymnique de locaux intérieurs préexistants. (La salle de gymnastique, est aussi salle des fêtes et de distribution de prix).

2. Dans sa préface à l'ouvrage de Mosso, *L'éducation physique de la jeunesse*, de 1895, le commandant Legros, a fait une subtile analyse de cette édition pédagogique, qui lui permet d'expliquer la vogue de la gymnastique aux agrès : « L'idéal de la discipline scolaire pour contenir l'écolier dans la sagesse, consiste dans la permanence du contrôle qui s'exerce sur lui. » Ainsi on s'accommode d'une activité spatialement limitée, sur laquelle s'exerce aisément la surveillance.

3. Les manuels de l'Instruction publique s'intitulent *Manuel de gymnastique et d'exercices militaires* (Hachette).

physique », le 22 décembre 1904 [1]. L'expression dont l'équivocité n'est pas parfaitement levée, fait toutefois son apparition officielle. Elle sera utilisée désormais pour la distinguer du terme « gymnastique » qu'elle englobe. Il nous faut tenter une interprétation de cette émergence [2].

Les premières explications sont fournies par le Rapport de la Commission lui-même. La mission d'harmonisation des méthodes de gymnastique dont elle est chargée, vise à créer un plan d'éducation physique pour « unifier les bases de l'enseignement de la gymnastique, dans l'armée, dans l'université et dans les Sociétés civiles de gymnastique ». Depuis que l'on a tenté d'introduire la gymnastique suédoise à l'Armée [3], on comprend qu'une unification technique et doctrinale soit rendue nécessaire, à cause de la diversité des procédés qui semble nuire à l'efficacité. Mais la constitution d'une telle commission, qui comprend les délégations de trois Ministères [4] ne peut

1. Cette Commission, créée sur Rapport du Ministre de la Guerre, à pour objet l'unification des méthodes de la gymnastique (Documents publiés dans le *Manuel d'exercices physiques et de jeux scolaires*, Hachette, 1922).

2. Cette émergence se trouve strictement localisée, entre 1902 (Règlement du 22 octobre), et 1910 (Règlement du 21 janvier). L'on sait que ce dernier « Règlement d'éducation physique » a subi l'influence de Demeny (l'éducation physique y comporte la gymnastique éducative, la gymnastique d'application et la gymnastique de sélection. Mais il ne saurait être question de considérer la création à Joinville d'une Chaire de physiologie appliquée qui lui est confiée, comme déterminante pour la consécration du terme.

3. Si l'on connaît la faveur des gymnastiques utilitaires et « d'application » dans l'armée, l'inspiration « suédiste » du règlement de 1902, paraît un évènement aberrant. Nous tenterons de l'expliquer plus loin.

4. Les Ministères de la Guerre, de l'Instruction publique et de l'Intérieur, délèguent respectivement des représentants de l'École de Joinville, de la ville de Paris (Demeny), et de l'U.S.G.F.

se justifier par de telles considérations. En fait, elle nous apparaît comme l'aboutissement d'un ensemble complexe de facteurs parfois souterrains, au rang desquels nous placerons :

a) le désir, dans ce contexte nationaliste, de voir s'élaborer une méthode spécifiquement française « au-delà de la gymnastique allemande » (aux agrès), de la gymnastique « suédoise » (médicale), des jeux et des sports « anglais » ;

b) mais les affrontements dont la gymnastique fut le siège ne sont pas réductibles à des oppositions de doctrines. On ne peut les comprendre en dehors de l'antagonisme des groupes d'action et de pression de la dynamique sociale. S'appuyant sur un savoir empirique que conférait une expérience ancienne de la pratique (ou sur la « compétence » que garantit un statut social élevé), ces groupements ont tenté d'affermir, de légitimer leur appropriation de ce nouveau champ et cherché à le voir officiellement reconnu. C'est donc dans un contexte de lutte d'influence entre sphères d'intérêts divergents, que s'effectue l'émergence officielle du concept ;

c) au-dessus de ces intérêts privés ou particuliers, s'imposeront les nécessités « pédagogiques » d'une meilleure prise en charge de la jeunesse par les institutions de la République. Cette action de formation doit être rendu plus continue, de l'enfance à l'âge adulte, et plus serrée, pour les couches sociales qui avaient pu échapper à l'influence de l'école [1].

L'École, les Sociétés de gymnastique et l'Armée se relayant pour assurer, de concert, l'éducation du citoyen-

---

1. *Cf.* Le compte-rendu des travaux de la Commission interministérielle de gymnastique, cité p. xii, notamment en ce qui concerne les jeunes ruraux.

soldat [1] et les actions de l'Instituteur, de l'Officier et du Gymnaste, se trouvaient déjà logiquement conjuguées dans l'esprit de Gambetta. Nous dirons pour schématiser plaisamment, qu'en préparant la revanche, on asseoit quelque peu la République. Ainsi, la commission de 1904 est l'aboutissement de la République. Elle révèle bien les fondements politiques de cette éducation [2] : « (Il nous faut) provoquer auprès du gouvernement la constitution d'une grande Commission […] laquelle paraît devoir relever plutôt du Ministère de l'Intérieur que du Ministère de la Guerre, en raison du caractère bien plus social que militaire des questions à résoudre. » [3].

Ainsi, pour des raisons socio-politiques, l'éducation physique est-elle formellement élevée au-dessus des courants qui forment ses constituants techniques et doctrinaux. L'expression, d'origine française et empruntée dans cette acceptation à Georges Demeny, devait pouvoir satisfaire chacune des parties et atténuer officiellement, mais provisoirement, les antagonismes. Si son adoption pouvait apparaître comme une concession logique à

1. L'Armée se trouvant là renforcée dans son rôle éducatif.

2. Il est surprenant que cet aspect pourtant important de l'éducation ait pu échapper aux historiens de l'éducation ; nous y verrions volontiers un effet de cloisonnement, dont on peut se demander s'il n'est pas secrètement souhaité et entretenu par des chercheurs. Mais, bien plus, on peut craindre un certain aveuglement, qui nous fait négliger ou sous-estimer ce qui, après les analyses de Bourdieu, paraît bien être l'essentiel : l'inscription, jamais innocente, de normes dans le corps, dont l'enjeu, est ici « d'incorporer » chez les jeunes, les vertus du « républicain-combattant », et qui se révèle là, n'être pas insignifiante. En l'occurrence, il est manifeste que cette éducation déborde le cadre d'une École dépassée. L'éducation « physique », devenant ici dénominateur commun, n'en devient que plus révélatrice des fondements idéologiques de l'éducation à cette période.

3. Compte rendu, cité p. vii.

l'Instruction publique, les militaires, qui souhaiteront assumer la direction d'une éducation physique nationale (pour les raisons développées plus loin) ne tarderont pas à en confisquer la réalisation.

Comme nous l'avons vu, Demeny, qui s'était employé à jeter les bases théoriques d'un « Enseignement supérieur de l'éducation physique » (1899) avait également suggéré les mesures administratives qui pouvaient la consacrer comme branche de l'enseignement. Son désir de voir former ses cadres au sein de l'Université aboutit à la création, en 1903, du « Cours supérieur » de l'Université. Il est symptomatique de voir les maîtres qui en sont issus s'empresser de rompre avec la désignation traditionnelle de « professeur de gymnastique », en créant l'« Association amicale des professeurs d'éducation physique de France et des Colonies ». Ils manifesteront ainsi leur volonté de se démarquer (par rapport aux connotations « militaires » de la gymnastique) et de se spécifier. Dès lors, avec les termes d'une dialectique, tous les éléments d'un malentendu sont en place.

En effet, si le Ministère de la Guerre d'une part, l'Instruction publique et l'Intérieur d'autre part, ont pu aboutir à un consensus, il n'échappe à personne qu'ils occupent dès cet instant, des positions concurrentielles, en ce qui concerne notamment la formation des cadres. Or, si ce dernier point est conforme à notre thèse concernant la dynamique de groupes d'appropriation, il paraît contradictoire avec l'idéologie qui fait de l'Armée la partenaire et le complément irremplaçable de l'École et des Sociétés. Et l'on ne s'explique pas plus la volonté de l'École de Joinville de s'assurer et de renforcer un monopole jaloux, que la lente détermination de certains milieux pour le lui retirer.

Nous suggérons une hypothèse qui, avant les efforts plus sérieux de vérification, présente le mérite de rendre intelligible nombre d'événements surprenants de l'histoire de l'éducation physique à cette période.

Nous y verrions volontiers la volonté de l'Armée de se ressaisir de la vocation éducative dont elle avait été investie, puis dessaisie lorsque, ayant révélé sa collusion avec la droite (aventure boulangiste en 1889 et l'Affaire Dreyfus en 1896) elle devint suspecte aux républicains[1]. Et, en renforçant, par l'éducation physique (qui se révèle être un excellent liant interinstitutionnel), une action désormais contestée sur la jeunesse, elle cherche à récupérer un rôle socio-politique, tout en se réhabilitant aux vœux de la nation. Mais on ne doit point oublier que ces superstructures idéologiques entrent en convergence avec certains intérêts particuliers qu'elles contribuent à masquer. En effet, en assurant et en préservant à ses élèves – sous-officiers surnuméraires – de substantiels débouchés dans l'enseignement[2], l'École de Joinville justifie fonctionnellement son existence, alors que la baisse de son prestige public pouvait la voir remise en cause. En se rénovant, la structure se renforce. D'où ces efforts pour se débarrasser des oripeaux de la « gymnastique de la revanche », pour engager un effort théorique jusqu'ici inexistant, pour adopter les modèles scolaires de travail[3],

1. L'hostilité des Instituteurs à l'égard de cette mainmise a pu entraîner la décrépitude des « bataillons scolaires ».

2. *Cf.* R. Meunier, *Changements institutionnels dans l'éducation physique (1850-1914)*, Thèse 3e cycle, Paris VII, 1974.

3. L'introduction de la gymnastique suédoise à l'Armée permet en effet de faire travailler simultanément une classe d'élèves, tout en s'assurant l'appui des médecins, et la caution scientifique qu'ils représentent.

pour mettre les médecins dans son camp, enfin exercer un « forcing » administratif et politique pour la reconnaissance et l'officialisation de ses brevets.

C'est Georges Hébert qui, reprenant à son compte l'héritage de Demeny, assurera, par le succès de sa « méthode naturelle » la large diffusion de la notion d'« éducation physique » dans le langage courant [1]. Mais cette éducation physique, désormais irréductible à la « gymnastique », doit aussi se distancier par rapport à l'influence grandissante du Sport [2]. Hébert obtient un réel succès au Congrès international d'éducation physique de Paris en 1913. Sa doctrine, sur laquelle s'appuie la « méthode naturelle » qui n'est pas sans rapport avec le mouvement des Médecins éducateurs (Bellin du Coteau), procède d'une méfiance vis-à-vis de la Science, et contribue fortement à relancer ce vaste projet de « régénération nationale ». Les éléments sont en place pour la « rupture » de 1920-30.

Avant le conflit mondial, dans le langage courant, « l'éducation physique » c'est la méthode Hébert. Mais son succès ne laissera pas les militaires inactifs. Dès 1916, l'École de Joinville a pu rouvrir ses portes. Publiant de nouvelles Instructions, l'Armée propose une méthode qui constitue un plagiat des premiers ouvrages de G. Hébert. Considérée par ses promoteurs, nous l'avons vu, comme le milieu de choix pour l'expérimentation sur un capital humain toujours disponible des méthodes de la gymnastique, l'École normale de Joinville, seule « en possession » de

---

1. *Cf.* la revue hébertiste *L'éducation physique.*
2. Après les jeux olympiques de Paris, en 1912, la perspective de les voir se dérouler à Berlin en 1916 a pu être ressentie comme une saine stimulation patriotique « en faveur des activités athlétiques et sportives et servir à la sensibilisation du grand public ».

tous les éléments, pourra, proposant son arbitrage, fixer effectivement la norme.

Dans la revue *Le Gymnaste*[1] du 30 septembre 1919, Clément de Nantes, demande que le titre « Sociétés de gymnastique » soit remplacé par « Sociétés d'éducation physique », car il se déclare partisan de l'adoption de la « Méthode actuelle d'éducation physique de Joinville. »

« L'éducation physique » qualifie donc singulièrement la méthode éclectique de l'École militaire, au moment où se dégage une volonté d'institutionnalisation. En effet Henri Paté, député de Paris, obtient des Chambres un crédit supplémentaire sur les dépenses militaires, « en raison de l'importance de l'éducation physique et sportive »[2]. En 1920, la Commission instituée par le Ministre de l'Hygiène, de l'Assistance et de Prévoyance sociale, suggère la création d'un office national de l'Éducation physique et des Sports, rattaché à un Ministère. Enfin, par arrêté du 8 mars 1920, Honnorat, ministre de l'Instruction publique, constitue une Commission « d'hygiène scolaire et d'éducation physique » en vue de proposer un « projet de loi gouvernemental sur l'organisation de l'éducation physique nationale ».

Mais au-delà des préoccupations d'hygiène individuelle ou sociale des législateurs, le travail des « théoriciens » rassemblé à l'École normale de Joinville a pu décentrer sensiblement le contenu et les fins de l'éducation physique. Il ne s'agit plus, en effet pour elle, de viser des objectifs partiels comme la « santé » ou la « préparation aux sports », mais de viser plus généralement à l'étude et au développement des qualités motrices. Ceci se concrétisant dans le « Règlement général d'éducation physique. Méthode

---

1. Organe de l'U.S.G.F.
2. Revue *Le Gymnaste*, n° 3, octobre 1919.

française » publié en 1923 par l'Armée et qui ne sera pas modifié avant la Deuxième Guerre. Une discipline scolaire recevait définitivement l'appellation d'éducation physique.

Si le concept garde aujourd'hui sa légitimité institutionnelle si tardivement et péniblement acquise, quitte à voir son champ opératoire s'élargir et se diversifier, on assiste néanmoins à des tentatives, plus ou moins marginales et plus cohérentes, de remise en cause au profit de termes nouveaux jugés plus adéquats, d'une part, à la finalité supposée ou déclarée de l'éducation physique ; d'autre part, au contexte de l'évolution du savoir et de sa méthodologie ; enfin, au processus de transformation historique et à la lutte idéologique qu'il véhicule. Ces trois impératifs, éducatif, épistémologique et idéologique, envisagés ensemble ou séparément, conduisent, en effet, plusieurs chercheurs à proposer non seulement un vocabulaire, mais un programme et une organisation pédagogiques différents de ceux préconisés jusqu'alors. C'est ainsi qu'on peut repérer *grosso modo* trois grandes tendances qui, d'ailleurs, s'influencent et se recouvrent parfois l'une l'autre :

1) La plus importante du point de vue, tant de la quantité et de la richesse des travaux et des publications auxquelles elle a donné lieu, que de l'impact qu'elle a eu sur le corps enseignant et même les autorités institutionnelles est celle qui, se réclamant du progrès scientifique, prétend dériver ou déduire sa démarche éducative des sciences biologiques et surtout humaines. En fait, cette tendance revêt trois formes distinctes mais étroitement solidaires :

– Celle qui, essentiellement inspirée par les travaux de Wallon et, d'une manière générale, par sa théorie de la psychomotricité, revendique une éducation et une rééducation non plus physique, mais psychomotrice. Cette tendance s'exprime plus spécialement dans la société française d'éducation et de rééducation psychomotrice, et par exemple les articles ou ouvrages de P. Vayer [1]. Cette conception de P. Vayer a pour caractéristique de partir du développement psycho-biologique de l'enfant, qu'elle envisage dans son unité, et vise à adapter ou réadapter en favorisant son autonomie par des pratiques distinctes des activités purement ludiques et fonctionnelles. En fait, cela revient à reconnaître non seulement une même finalité à l'éducation et à la rééducation et une parfaite continuité dans leurs moyens, mais à identifier cette finalité à une normativité implicite du développement psychomoteur définie essentiellement par une axiologie médicale.

– Or, bien qu'une telle axiologie ait aussi exercé un certain attrait sur elle, qu'elle parte des mêmes postulats épistémologiques et même soit invoquée comme soutien et complément par Vayer [2], une seconde forme d'actualisation du courant psychomoteur, peut être distinguée. Elle se manifeste par la volonté positiviste de fonder l'éducation sur « une science du mouvement humain » qui réaliserait la conciliation d'une phénoménologie d'inspiration merleau-pontienne telle que Buytendijk tente de la développer avec les sciences physiologiques et humaines. Nous la trouvons chez le docteur J. Le Boulch, dans sa théorie d'une « éducation psycho-cinétique » qui est en fait, comme l'avoue l'auteur lui-même, le résultat d'une évolution au

1. *Cf.* L. Picq, P. Vayer, *Éducation psychomotrice*, Paris, Doin, 1968. P. Vayer, « Possibilités et limites de la rééducation psychomotrice », *Éducation physique et sport*, n° 73 et n° 74, 1965 ou encore « Une conception globale de l'éducation psychomotrice appliquée à des fins rééducatives », *Éducation physique et sport*, n° 85 et n° 86, 1967.
2. Cf. *Éducation physique et sport*, n° 85.

cours des vingt-cinq dernières années : ayant d'abord tenté de réformer l'éducation physique en partant de ce concept-même, il a voulu ensuite, devant son échec, opérer une révolution plus radicale en déterminant la science du mouvement dont l'application concerne certes l'éducation dite physique, mais de nombreux autres domaines et ce grâce au jeu dialectique entre expérience et théorie [1]. Ainsi cette science se définit-elle comme la science du mouvement, envisagé à la fois dans son aspect transitif de processus objectif et efficace, et dans son aspect expressif d'une certaine manière d'être de la personne renvoyant à une situation vécue et donc à un contexte socioculturel et à un cadre institutionnalisé. D'où la nécessité de proposer, selon Le Boulch, une éducation qui tienne compte de ces deux aspects, c'est-à-dire qui soit centrée sur l'expérience vécue de celui qui apprend, mais en même temps guidée par l'intelligence analytique de l'éducateur qui favorisera la prise de conscience chez l'élève et proposera les exercices psychomoteurs, les jeux et les activités exigés par la situation et la nécessité d'une « expression authentique et d'une action efficace sur le milieu ».

– Tout en admettant le bien-fondé de cette recherche et de cette intention éducative, P. Parlebas a éprouvé le besoin de modifier, d'infléchir à nouveau cette même tendance scientifique : d'une part, en mettant davantage l'accent sur l'aspect socio-moteur du sport et par là sur son caractère formateur et non purement ludique (comme cela semble le cas chez Le Boulch) ; d'autre part, du point de vue méthodologique, en essayant d'appliquer à l'analyse « psychosociomotrice » les règles de l'interprétation

---

1. *Cf.* Le Boulch, *Vers une science du mouvement humain*, ESF, 1971, p. 264-265.

structurale, telle qu'il la trouve mise en pratique chez
J. Piaget en épistémologie génétique ou chez Lévi-Strauss
en anthropologie. A l'éducation physique se substitue une
éducation psychosociomotrice ou une éducation
psychosociologique des conduites motrices.

Par un souci de rigueur scientifique et d'unité doctrinale,
cette éducation « physique » nouvelle manière devient un
carrefour de recherches interdisciplines [1].

2) A côté de ces trois formes d'une même tendance ou
d'une même inspiration fondamentale, on trouve une
tendance plus humaniste (au sens traditionnel du terme),
dont l'appareil théorique puise se conceptualisation et sa
méthodologie dans la phénoménologie, la psychologie
différentielle (et plus exactement la caractérologie), la
psychologie interpersonnelle et la psychologie des petits
groupes. Le concept d'éducation physique devient ainsi
l'éducation du « corps subjectif », du corps-propre en
opposition au corps-objet. D'où le recours à la notion
d'« éducation corporelle ». C'est ce qu'on rencontre chez
G. Rioux et R. Chappuis et plus particulièrement dans leur
ouvrage : *Les bases psychopédagogiques de l'éducation
corporelle* [2]. Dans cette éducation corporelle, les deux
auteurs mettent l'accent sur le rôle déterminant de
l'expression qui, selon eux, permet la réalisation spontanée
de la personnalité de chacun et cela aussi bien dans le cadre
des sports individuels et collectifs que dans les jeux et les
improvisations extrasportives.

1. P. Parlebas a écrit de très nombreux articles. Nous renvoyons ici
essentiellement à « L'éducation physique en miettes », *Éducation physique
et sport*, n° 85, 86, 87, et 88.
2. G. Rioux, R. Chappuis, *Les bases psychopédagogiques de
l'éducation corporelle*, Paris, Vrin, 1968.

3) Or c'est précisément ce que refusent les partisans d'une troisième tendance, dont la caractéristique essentielle est la dénonciation systématique de la compétition sportive et de la finalité de rendement technique qu'elle impose (en dépit de tous les artifices dont on la camoufle et de toutes les justifications rassurantes) à l'éducation. D'où la mise en valeur d'une expression sauvage, spontanée et ludique du corps et plus exactement des pulsions sexuelles dont il est animé et qui se trouvent du même coup libérées. Ainsi pense-t-on contester non seulement les tabous d'une morale étriquée, mais les fondements économiques, politiques, sociaux et culturels de notre société capitaliste. Cette tendance se rencontre surtout dans le groupe de recherche en expression corporelle (G.R.E.C.) de l'I.R.E.P.S. de Toulouse [1].

L'examen et la confrontation de ces trois principales tendances et de leurs diverses formes nous conduisent à plusieurs observations. Tout d'abord, la plupart des mutations actuelles de l'éducation physique résultent du travail manifeste ou souterrain du désir de scientificité dont l'impérialisme n'est jamais contesté. De plus, cette scientificité s'incarne dans un monde de rationalité qui n'a jamais fait l'objet non plus de la moindre tentative de légitimation épistémologique, ce qui nous invite à penser ou à supposer qu'il y a entre cette nationalité et l'institution de l'éducation physique beaucoup plus qu'une simple harmonie extérieure et accidentelle, mais une relation fondatrice essentielle de connivence idéologique. On constate, en effet, que ce désir de scientificité a d'abord pris sa source et s'est alimenté dans la rationalité du discours

---

1. *Cf.* les *Cahiers du B.B.E.C.* dont le n° 1 date d'avril 1969, I.R.E.P.S., Toulouse.

médical tel qu'il nous a été transmis par les transformations successives du regard clinique [1] ; mais qu'il s'est déplacé et a pu se satisfaire dans un même mouvement, semble-t-il, de la conceptualisation et de la méthodologie des sciences humaines. En réalité, la logique d'un tel déplacement ou d'une telle évolution correspond à la logique même des conditions qui ont permis à la fois les bouleversements de l'art médical et l'émergence de la psychologie dans la seconde moitié du XIXe siècle : celles de la mise en place des structures d'un capitalisme industriel, dont la recherche exacerbée du profit et donc du rendement commande la réduction du corps au modèle mécanique et, par là, à la suprématie du mouvement dans la pratique et la théorie de l'éducation physique.

Conjointement à cette emprise d'une certaine rationalité scientifique d'origine technologique, nous avons pu constater assez paradoxalement une double réaction idéologique : d'une part, celle d'un humanisme traditionnel qui cherche à se maintenir en s'inscrivant en contrepoint, mais non en contradiction avec l'impérialisme de cette scientificité. D'autre part, celle d'une idéologie révolution-naire qui s'oppose aussi bien à cet impérialisme et au pouvoir totalitaire de la finalité d'un rendement moteur qu'à l'humanisme qui souvent le travestit. Cette dualité atteste que l'éducation physique, loin d'être un domaine formel et neutre, circonscrit par les processus universels d'une raison s'appliquant au corps, est au contraire le lieu privilégié et conflictuel d'une mise à l'épreuve de l'idéologie dominante. En ce sens, il serait du plus haut intérêt de vérifier dans quelle mesure l'histoire des pratiques corporelles norminatives permet de lire et interpréter

1. *Cf.* M. Foucault : *Naissance de la clinique*, P.U.F., 1963.

rigoureusement le devenir des systèmes idéologiques concomitants.

Mais ce qui est plus caractéristique encore, c'est qu'en dépit de cette réaction ou même en son sein, le processus éducatif n'est jamais remis en cause. Autrement dit, la substitution des concepts est toujours partielle et témoigne par là même que la problématique de l'éducation physique a été et reste inscrite, quoi qu'on prétende, dans des modèles aussi bien épistémologiques que pédagogiques dont elle n'est jamais maître. L'histoire de l'éducation physique est, comme toute histoire, l'effet d'une ruse de la raison : la conquête d'une autonomie et d'une prise de conscience qui l'aliène davantage dans la mesure où les valeurs éducatives choisies la condamnent à un jeu artificiel et vain dans le champ clos bien gardé et établi par une société dont l'impératif de reproduction exige l'exclusion de tout ce qui est susceptible de ruiner ou saper l'existence même d'un modèle éducatif en tant que tel.

LES LIMITES DE LA PERFORMANCE
FACE À L'AMÉLIORATION DE SOI

PRÉSENTATION

Cette deuxième partie traite des enjeux actuels de la modification corporelle dans le sport, tant de haut-niveau que de loisir, par le dépassement des limites naturelles du corps humain, et notamment du schéma corporel. À travers le texte proposé ici par le philosophe Éric During nous commençons par une analyse des techniques du corps. Depuis l'invention du sens psychobiosocial par Marcel Mauss de la notion de techniques du corps en 1934, que nous avions présenté dans le volume *Philosophie du corps* de la même collection, et sa reprise sociologique par Pierre Bourdieu, la démesure des performances sportives nous porte à réfléchir sur le recul des limites.

Car l'incorporation des techniques corporelles avait pu constituer une synthèse dans le schéma corporel en fonction des exigences de la culture commune du groupe d'appartenance ou de la classe sociale. Mais avec l'exploitation des ressources du corps vivant au-delà des conventions sportives, comme le dopage l'atteste chaque jour, se découvrent un nouveau schéma corporel et une image du corps musculaire ou très amaigrie comme celle de Froome sur le Tour de France. Fondé sur l'idée que les actions ne sont pas une propriété exclusive de l'activité mentale indépendante des processus corporels, le produit d'un agent est d'abord et avant tout inséré de façon pratique dans son espace environnant. Éric During interroge cette animalité sportive qui cherche à dépasser dans le jeu sportif la convention pour atteindre l'*hubris* du rire : « le corps sportif, composé à force d'entraînement et d'effort, est en réalité double. Le corps vécu, le corps intime révélé dans le sentiment de l'effort – le « corps propre » de la phénoménologie –, n'en constitue que la face interne. Il convient de le compléter par un corps percevant dont la surface d'opération déborde de toute part le périmètre de l'action située ». Les états modifiés de conscience atteints dans le cours de l'activité physique et du sport, comme de l'euphorie jusqu'à l'addiction par la production d'endorphines, lient la recherche du plaisir à celle d'un surcroît de performance : « la transformation du corps sportif passe par une altération sensible du flux temporel ».

Par son schéma corporel, par l'image qu'il se fait de son propre corps, chacun est amené à développer un culte de la performance [1] dans un show méritocratique. L'éthique puritaine du marathonien [2] rationalise l'effort sans vécu émotionnel. Le culte de la forme [3] et de l'apparence [4] définit le style de vie de chacun dans une éthique du corps. Le jogging est pour Paul Yonnet un sport antihéros mais qui participe de la culture physique et psychique de l'endurance : le jogger [5] rechercherait ainsi à l'échelle de son corps une nouvelle économie énergétique où l'exploitation de sources d'énergie externes (absorption/utilisation maximale

1. A. Ehrenberg, « Le show méritocratique. Platini, Stéphanie, Tapie et quelques autres », *Esprit, Le nouvel âge du sport*, avril 1987, p. 268.

2. J.-M. Faure, « L'éthique puritaine du marathonien », *Esprit*, « Le nouvel âge du sport », avril, 1987, p. 39.

3. E. Perrin, *Cultes du corps. Enquête sur les nouvelles pratiques corporelles*, Lausanne, Éditions Favre, 1984.

4. C. Louveau, « Style de vie, culte de la forme et de la silhouette, dans le sport à corps perdu », *Sociologie santé*, n° 7, 1993, p. 23-37.

5. P. Yonnet, *Jeux, modes et masses. 1945-1985*, Paris, Gallimard, 1985.

d'oxygène) se combine avec une exploration des sources possibles d'énergie internes, défendant une éthique écologique du corps. *S'accomplir ou se dépasser* est devenu, selon Isabelle Queval [1] moins une alternative qu'un conflit entre être bien pour être mieux et être mieux pour être bien. L'injonction normative est une prescription individuelle de soi par soi et un processus de création de l'individu de ses propres normes posant le problème de la subjectivation.

L'assimilation du dépassement à un déséquilibre jusqu'à l'excès décide très rapidement du versant, sinon éthique, du moins moral et axiologique. Le conflit entre rationalité instrumentale et subjectivation s'appuie là aussi sur une périodisation des âges de la médecine, selon l'histoire de la santé de Georges Vigarello [2], qui facilite la distinction de la prévention de la santé avec son amélioration. En basculant directement sur le dopage, le *méliorisme* de la médecine de l'*amélioration* pose non seulement des problèmes éthiques de tricherie mais aussi la question de la « malléabilité eso-plastique et exo-plastique du corps » passant ainsi d'un corps représenté à un corps performatif. Le néonarcissisme, critiqué par Gilles Lipovetsky, est l'occasion de réfléchir sur les modes d'appropriation subjective de la norme dans ce qui est justement la fragilisation identitaire et la versalité des choix. Mais la réflexion sur les techniques et leurs mutations participe aujourd'hui à une élaboration de la réflexivité du sujet sur son propre corps comme la philosophie du corps et celle du sport l'ont entrepris.

---

1. I. Queval, *S'accomplir ou se dépasser. Essais sur le sport contemporain*, Paris, Gallimard, 2004.
2. G. Vigarello (éd.), *L'esprit sportif aujourd'hui. Des valeurs en conflit*, Paris, Éditions Universalis, 2004.

Cette médecine de l'amélioration, exposée dans ce volume par Jean-Noël Missa[1], nommée « enhancement »[2], renouvelle la réflexion sur la philosophie du dopage[3]. La recherche biomédicale trouve dans une médecine personnalisée les nanotechnologies susceptibles de fournir des opportunités de procédés internes inédits. Les nouveaux outils du diagnostic moléculaire font ainsi espérer depuis une dizaine d'années une évolution de la médecine vers des traitements mieux ciblés et visant une amélioration plus directe des performances. Mais le dépistage précoce des athlètes et leur surentraînement au prix de leur jeunesse reposent désormais sur des technologies du diagnostic moléculaire au service de la médecine personnalisée (techniques de séquençage haut débit, *microarrays* notamment). Dans une même visée de profilage (détection précoce des troubles psychologiques et physiologiques, profilage génétique en génétique du développement, identification biométrique, *customer-centric marketing*) se met en place ce que l'on appelle le dopage génétique. Comme l'a démontré Andrew Miah[4], l'amélioration génétique des corps rend désormais invisible les procédés, même si les performances sont améliorées tant dans la vitesse que dans l'intensité de l'effort physiologique et l'augmentation des capacités.

Car l'entraînement quotidien transforme le corps jusqu'à la limite biopsychologique du sujet. La volonté de l'athlète peut, dès l'effort répété et accumulé, aller au-delà des

1. J.N. Missa (dir.), « *Enhancement* ». *Éthique et philosophie de la médecine d'amélioration*, Paris, Vrin, 2009.

2. J. Savulescu, N. Bostrom (eds.), *Human Enhancement*, Oxford, Oxford University Press, 2009.

3. J.N. Missa, P. Nouvel, (éd.), *Philosophie du dopage*, Paris, P.U.F., 2011.

4. A. Miah, *Genetically modified athletes : Biomedical ethics, gene doping and sport*, London, Routledge, 2004.

limites convenues, mais le corps peut céder physiquement
comme dans l'effondrement du marathonien ou lors de la
fringale du cycliste. Le sport devrait être limité par la
nature ; or les capacités naturelles de l'individu définissent
une certaine plasticité plutôt qu'un déterminisme inné
d'activité. L'apprentissage développe cette plasticité en
incorporant des états de fatigue toujours plus intenses. Le
sport rejoint ici le projet des sciences biologiques en
dépassant la nature par la mise en culture du corps. La
performance du record participe donc d'une logique
différente de celle de l'entretien de son propre corps.
Comme le souligne Yves Travaillot, les pratiques d'entretien
du corps établissent depuis 1985 une relation moins intime
entre forme, santé et beauté au profit d'un hédonisme [1]. Le
concept de forme est en perte de vitesse et semble être
remplacé par l'apologie des médecines douces ou naturelles.
Le rituel d'entretien participe d'une écologie corporelle à
l'inverse de la construction artificielle du sportif de haut-
niveau. Le paradoxe de notre société est de mettre en scène
à la fois la compétition inégalitaire du sport spectacle et
de développer le culte individuel du corps. Chacun admet
pour lui-même la recherche d'une harmonie naturelle avec
son corps tandis que collectivement, il est vrai de plus en
plus par médias interposés, chacun subit aussi l'idéologie
combative de corps artificiellement professionnalisés.

Ces corps professionnalisés doivent dépasser la nature
par la mise en culture de leurs particules élémentaires :
aliments, hormones, oxygénation, neurones… La relation
à la nature est différente selon que le sport vise la santé
ou la performance. Les logiques d'entretien physique du
corps font de la régularité le principe de l'harmonie naturelle

1. Y. Travaillot, *Sociologie des pratiques d'entretien du corps*, Paris,
P.U.F., 1998, p. 175-201.

de l'individu avec son corps et l'entretien ne dépasse pas le capital naturel du corps : il le développe selon les limites de son économie interne. Au contraire, si le sport moderne est devenu un avatar de la science biologique, c'est en raison de l'amélioration artificielle du corps. L'économie de soi n'est plus seulement narcissique comme dans les années du body-building. Là où la révolution politique a échoué, l'évolution occidentale de l'individu peut désormais réaliser des corps nouveaux.

Le sportif n'en reste plus au placebo de la volonté pour réaliser absolument une performance. La préparation biologique remplace le volontarisme de l'effort[1] en redéfinissant les conditions de l'évaluation médicale de la performance. Il y a donc une différence entre le sport-santé, trois à quatre heures d'activité hebdomadaire, et le sport à haute intensité qui déséquilibre les hormones et développe une traumatologie due, directement ou indirectement, à la répétition de l'effort. Le rituel sportif devient alors un processus obsessionnel : enfermement dans le cercle de l'entraînement, développement de soi, isolement socio-professionnel rendant difficile les reconversions, dépendance du sportif envers son médecin. Cette surnaturation du corps vise la transformation du corps de femmes en corps bisexuel, sinon monohormonal de type masculin, comme l'indique la disparition précoce de Florence Griffith-Joyner et d'autres athlètes d'Allemagne de l'Est.

Le remplacement du médecin de soi-même[2] par le soigneur biologique interdit désormais au sportif de prendre soin de lui-même. Sa dépendance biotechnologique envers le suivi médicalisé, passeport biologique oblige, transforme la préparation biologique en prise légalisée – ou dénoncée

1. R. Verchère, « La prothèse et le sportif. Du dopage comme résistance à la domination des stades », *Chimères* 2011/1, n° 75, p. 95-105.
2. B. Andrieu, *Médecin de son corps*, Paris, P.U.F. 1999.

comme toxicomaniaque par exemple dans le cas du coureur cycliste Pantani, retrouvé mort d'une overdose de cocaïne. Sans préparation biologique, le sportif ne peut rivaliser avec les meilleurs, eux-mêmes sélectionnés sur les mêmes bases pharmacologiques. La résistance aux produits dopants remplace la résistance à l'épreuve sportive. La répétition des compétitions augmente ce seuil de résistance si bien que le vécu corporel du sportif est troublé : la subjectivité du corps vécu évolue au fur et à mesure de la transformation psychobiologique du corps physique. Cette réorganisation des références subjectives participe de l'habituation toxicomaniaque sans laquelle la réalisation des efforts sera désormais impossible.

Mais la mutation chimique et stéroïde des corps transforme les sportifs(es) moins en dieux qu'en hybrides dont la composition est instable. Ainsi, Heidi Krieger éprouvait des difficultés à conserver sa féminité depuis les cures de dopage imposées par la RDA[1]. Dans un programme baptisé « Plan 14.25 », chaque athlète était répertorié avec ses doses obligatoires d'Oral Turinabol, un stéroïde anabolisant qui accroît la force musculaire, provoquant cancers, stérilité, voix masculine, pilosité abondante. Il lui est devenu de plus en plus évident que son identité sexuelle était devenue masculine. En 1997, une opération lui a permis de changer de sexe et d'adopter le prénom d'Andreas. Avec d'autres victimes du système sportif mis en place en RDA, Andreas Krieger a poursuivi en justice le président des Fédérations Sportives de RDA, Manfred Ewald, pour dommages corporels. Ce dernier a été condamné à une peine de prison avec sursis.

1. G. Spitzer, « Approche historique du dopage en République démocratique allemande : description et analyse d'un système de contraintes étatiques », trad. de l'allemand par G. Treutlein et Ch. Pigeassou, *Staps*, n° 70, 2005, p. 86-95.

Le 19 août 2009, Caster Semenya remporte la médaille d'or lors du 800 m des Championnats du monde d'athlétisme de Berlin en 1 min 55 s 45, meilleure performance mondiale de l'année, abaissant ainsi de plus d'une seconde son record personnel. Son apparence et sa voix, particulièrement masculine, font débat : l'IAAF décide de la soumettre à des tests de féminité quelques heures avant la finale de Berlin. Un arbitrage a ainsi été rendu par l'IAAF sur son cas en novembre 2009 : l'athlète est hermaphrodite avec une production inhabituelle de testostérone et un syndrome de l'insensibilité aux androgènes[1]. Caster Semenya a pu conserver son titre, et elle est de nouveau autorisée à concourir depuis juillet 2010. L'athlète a posé, comme pour affirmer son appartenance à l'autre sexe, dans « You Magazine » en septembre 2009, un magazine de mode sud-africain, avec maquillage, boucle d'oreilles et top sexy. Mais en se mariant avec une femme elle n'aura pas renoncé à affirmer son identité de genre. Le 1er mai 2019 le tribunal arbitral du sport a rejeté le recours de l'athlète contre la réduction de son hyperandrogénie imposée par les règles de la Fédération Internationale d'Athlétisme.

Le sport et le handicap ouvrent le débat de la fin du handicap[2], organisée par cette dilution institutionnelle. Cette inclusion voudrait être une fin provisoire et politique alors même que les personnes en situation de handicap ne se contentent plus de revendiquer l'application du droit. Elles deviennent des agents du changement de désignation en performant des actes plus que symboliques dans le sport. Anne Marcellini démontre le renversement de cette

---

1. A. Bohuon, *Le test de féminité dans les compétitions sportives. Une histoire classée X ?*, Paris, Éditions iXe, 2012.
2. J. Gaillard, B. Andrieu (éd.), *Vers la fin du handicap ? Pratiques sportives, nouveaux enjeux, nouveaux territoires*, Nancy, P.U. Nancy, 2010.

éthique de la différence : trop exceptionnels, ces sujets sportifs sont réassignés au rang d'anormal en raison d'un renversement complet des normes qu'ils incarnent.

Le cas d'Oscar Pistorius est ici analysé par Anne Marcellini, Sylvain Ferez, Michel Vidal et Éric de Leseulec, suivant la thèse de leur doctorant Damien Issanchou [1]. Dans la question de la mise en spectacle des frontières de l'humain, l'athlète aux prothèses de carbone était bien décidé à participer aux jeux Olympiques de Londres en 2012, après avoir réalisé le 20 juillet les minima mondiaux au côté des personnes valides et non plus dans la catégorie handisport à laquelle les instances du sport voulaient le cantonner après l'expertise négative de ses performances pour dopage technologique. Il se vit comme un être normal dans son autobiographie *Courir après un rêve* : « J'ai voulu expliquer pourquoi je ne me sens pas handicapé. Je suis né sans pieds, j'ai eu mes premières prothèses à 17 mois… et je suis normal. » [2]. Plutôt qu'un déni, ce désir de normalisation, sinon de normalité, indique aussi combien la division handicapé/normal sert à refuser des situations mixtes et des êtres hybrides qui interrogent et franchissent les limites de la catégorisation. Si les sociétés occidentales semblent construire progressivement l'émergence de cette nouvelle catégorie d'humains hybrides, que ce soit au travers de l'art, de certains films de divertissement ou de la mise en scène médiatique des innovations médicales biotechnologiques, cette construction sociale s'élabore sur le fond d'un débat éthique articulé sur la question des limites entre « réparation de l'humain » et « amélioration de l'humain » (*therapy/enhancement distinction*).

1. D. Issanchou, S. Ferez, E. Léséleuc, « Technology at the Service of Natural Performance : Cross Analysis of the Oscar Pistorius and Caster Semenya Cases », *Sport in Society*, 21(4), 2018, p. 689-704.
2. O. Pistorius, *Courir après un rêve*, Paris, Éditions de l'Archipel, 2010, p. 14.

Mais en utilisant des armes contre son amie Reeva Steenkamp, l'autre Pistorius se révèle à nous dans une crise de virilité violente. Du jour au lendemain, le corps devient une arme par une décharge pulsionnelle fulgurante et violente sur le corps des autres. Faute d'un accompagnement psychologique, la dépendance sportive peut se définir comme un besoin compulsif de pratiquer une activité physique, sexuelle ou sportive. Chez certains athlètes, ce mode d'investissement « à corps perdu », permettrait de combler un manque ou de faire face à une situation potentiellement traumatique. L'agir corporel se présente progressivement comme un outil privilégié pour répondre à ces angoisses, qu'il serait impossible de verbaliser. L'assimilation du sport à la violence, et en particulier dans la mise en scène médiatique et marchande du stade, a pu laisser croire que la barbarie se trouvait dans le sport lui-même plutôt que dans le vécu sportif.

Qui aura héroïsé Oscar Pistorius en un produit commercial ? Qui aura trouvé en lui le héraut de l'hybridation sociale des personnes handicapées parmi les valides ? Nous trouvions en lui la lumière dans l'obscurité de la stigmatisation et de l'exclusion du handisport. Il a eu le courage de contester par son corps les règlements discriminatoires pour imposer une égalité de droits. Est-ce un déni de sa différence ou une inclusion trop volontaire ? Derrière son corps hybridé, l'arme était présente dans sa vie quotidienne selon un modèle viril, machiste et violent contre la femme. Ce qu'il représente pour l'éthique sportive n'a pas eu d'efficacité symbolique suffisante pour son propre corps : la cause de l'hybridation sociale a-t-elle pu le satisfaire pleinement ? Derrière le sportif héroïque et médiatisé, la jalousie, les anabolisants leveurs d'inhibition, le machisme violent, semble se trouver un être humain ordinaire confronté à ses passions et à ses pulsions.

ELIE DURING

LES TROIS CORPS DE L'ANIMAL SPORTIF [1]

Fine lame et bon cavalier, Bergson proposait de définir l'homme comme un « animal sportif », capable d'acquérir une variété d'automatismes et de les faire jouer les uns contre les autres. Mais l'automatisme implique une forme de détachement qui peut aller, dans certaines circonstances, jusqu'à la distraction. Le sport trouve ainsi sa place quelque part entre le rêve et le rire ; il tient à la fois du somnambulisme et du burlesque. Quant aux états modifiés de conscience qui accompagnent toute pratique sportive un peu intensive, ils conduisent à s'interroger sur la nature de ce corps sportif dont on s'inquiète si vivement aujourd'hui de savoir comment l'arracher à l'emprise des techniques.

DÉPHASAGE

Si vous disposez de deux minutes et d'une connexion internet, rendez vous sur Youtube et regardez, à partir de 1h04'12'', les dernières balles du match de tennis de table qui opposa à Londres, le 2 août 2012, l'Allemand Dimitrij

---

1. E. During, « Les trois corps de l'animal sportif, *Des Corps compétents* (sportifs, artistes, burlesques), P. Blouin (dir.), Nice, Éditions de la Villa Arson, 2013.

Ovtcharov et le Chinois de Taïwan Chih-Yuan Chuang
pour la médaille de bronze (http://www.youtube.com/
watch? v=UIPuktpYOmU). Dans le sixième set, Ovtcharov
mène 3 sets à 2 mais son adversaire est parvenu à égaliser
à 11-11 [1]. Au cours de la série d'échanges qui suivent, le
Chinois prend l'avantage (11-12); puis le reperd (12-12).
Une sortie de balle et le voici bientôt mené 13-12. C'est
maintenant à l'Allemand de servir, comme on dit « pour
le gain du match ». 1h05'49" : Ovtcharov, le visage fermé,
se livre à ses petits préparatifs. Techniques d'« ancrage »
habituelles : il manipule sa raquette, fait tourner la balle
entre ses doigts, passe la main sur la table. 1h06'00" : le
voici qui amorce enfin son service. Une flexion des genoux
et le corps se plie en deux d'un mouvement souple. Le
buste atteint la hauteur du bord de table, et le service est
lâché. Le retour de son adversaire, un peu déséquilibré,
lui offre l'occasion d'un revers foudroyant. Le Chinois
touche mais c'est la sortie de balle : à 1h06'02", Ovtcharov
vient d'arracher la victoire. L'échange final aura duré deux
secondes à peine; il en faudra autant au vainqueur pour
prendre conscience de son exploit. Tandis que Chih-Yuan
Chuang quitte aussitôt la table et marche en direction de
la caméra avec un rictus de dépit, Ovtcharov, visiblement
désorienté, se tourne vers son entraîneur qui déjà se lève
à l'arrière-plan, dans les tribunes, levant les bras en signe
de triomphe. Il avance de quelques pas comme pour se
replacer derrière la table; incrédule, il ouvre interrogativement
les bras avant de réaliser brusquement ce qui vient de se
passer et de prendre sa tête entre ses mains, comme s'il
venait de recevoir un coup de massue sur le crâne. Le
ralenti qui suit exhausse ce moment de suspens à peine

1. Selon les nouvelles règles du tennis de table, un set se gagne en
11 points, avec deux points d'écart.

perceptible à l'œil nu : il rend tangible ce long blanc de deux secondes au cours duquel a dû s'effectuer, avec un léger déphasage, le raccord psychique du joueur avec l'espace-temps réglé de la compétition.

FLOW

Cette saynète inframince a le mérite de faire saisir, pour ainsi dire sur le vif, l'espèce de somnambulisme qui caractérise l'état d'esprit du sportif dans certaines phases critiques de son activité. D'autres exemples plus spectaculaires pourraient sans doute être invoqués à l'appui de cette idée, mais leur évidence même risquerait de masquer ce qui est réellement en jeu ici, à savoir précisément le rapport d'indiscernabilité – pour le spectateur, mais surtout pour l'intéressé lui-même – entre attention et distraction, hyper-concentration et dispersion, tension et détente, contrôle et lâcher-prise, intuition et automatisme, qui rapproche parfois l'état d'absorption du sportif d'une transe hypnotique ou d'un rêve éveillé.

Toute une littérature s'est développée ces dernières années autour des « états seconds » rapportés par les athlètes de haut niveau, toutes disciplines confondues. On y évoque volontiers les travaux de Mihalyi Czikszentmihalyi sur le « flow », cet état de grâce où le geste paraît immédiatement ajusté à l'intention qui le guide, où le contrôle semble s'exercer de façon non réflexive tandis que l'esprit se trouve entièrement immergé dans le présent de l'opération. Mais aussi, pêle-mêle, les classiques du taoïsme et du bouddhisme Zen (voyez par exemple l'histoire du boucher Ding rapportée par Jean-François Billeter dans ses *Leçons sur Tchouang-Tseu*, ou le célèbre *Zen dans l'art chevaleresque du tir à l'arc* d'Eugen Herrigel), les études

d'Abraham Maslow sur les « peak experiences »
(expériences paroxystiques et transitoires d'auto-réalisation
caractérisées par une fusion ou une non-séparation du moi
avec son environnement), l'hypnose ericksonienne, la
programmation neuro-linguistique, la sophrologie ou encore
le très populaire concept de « zone individuelle de
fonctionnement optimal » (« the Zone ») développé par le
russe Yuri Hanin, du Finland Research Institute for Olympic
Sport [1].

Le point commun de ces analyses est qu'elles soulignent
de façon presque systématique le caractère intégré et
autotélique d'une activité où l'esprit paraît harmonieusement
accordé aux mouvements du corps. Tout se passe comme
si la mémoire motrice agissait alors d'elle-même, déroulant
ses effets sous le regard passif d'une conscience aiguisée
mais curieusement flottante, soudainement détachée des
objectifs de performance, des considérations stratégiques
ou du calcul des points. Lorsque l'archer a suffisamment
tendu son esprit, lorsqu'il a finalement atteint la « zone »,
il peut cesser de penser, et même cesser de viser ; la flèche
est décochée, mais ce n'est plus lui qui agit : « ça tire ».

LE CERVEAU EST UN ORGANE DE SPORT

Ce détachement conquis au sein de la plus sévère
concentration viendrait ainsi parachever, récompense suave,
les heures d'efforts conscients accumulés pour la mise au
point et le perfectionnement d'un geste ou d'un ensemble
de mouvements synchronisés. Il confirmerait aussi, à

1. A. Maslow, *The Farther Reaches of Human Nature*, New York,
Viking Press, 1971 ; voir M. Czikszentmihalyi, *Flow : the Psychology
of Optimal experience*, 1990 ; Y. Hanin, *Emotions in Sports*, Champaign,
Ill., Human Kinetics, 1999.

première vue, la thèse bergsonienne selon laquelle le cerveau est, fondamentalement, un « organe de sport », autrement dit une machine à créer des habitudes, ou des automatismes : « La faculté que possède l'animal de contracter des habitudes motrices est limitée. Mais le cerveau de l'homme lui confère le pouvoir d'apprendre un nombre indéfini de "sports". C'est avant tout un organe de sport, et, de ce point de vue, on pourrait définir l'homme "un animal sportif". »[1]

Cette image a de quoi surprendre, mais la véritable originalité du propos se loge plutôt, en l'occurrence, dans l'adjectif « indéfini ». On comprendrait mal, en effet, la portée de cette analogie sportive – qui est en réalité une synecdoque puisque « sport », on l'aura compris, vaut ici plus généralement pour l'ensemble des habitudes motrices que l'organisme humain est susceptible de développer pour s'assurer une prise utile sur les choses –, si l'on oubliait que les schèmes sensori-moteurs montés sous la gouverne du cerveau ont vocation à contrecarrer une tendance naturelle de l'être vivant à se rendre prisonnier des automatismes qu'il a contractés lui-même pour parvenir à ses fins – ce dont témoigne, chez l'homme, la détente et l'inattention qui menacent à chaque instant l'esprit comme le corps. Cette distraction tendancielle constitue, comme on sait, l'inépuisable ressource du comique[2]. Le cerveau se distingue à cet égard par sa capacité à retourner l'automatisme contre lui-même en diversifiant à l'infini ses formes et ses procédés, empêchant ainsi l'individu de

1. H. Bergson, « Le parallélisme psycho-physique et la métaphysique positive » (1901), dans *Écrits*, Paris, P.U.F., 2011, p. 255-256.
2. C'est la thèse développée dans *Le Rire*.

développer des raideurs qui risqueraient de lui nuire à lui-même en même temps qu'à l'espèce :

> La supériorité de cet instrument me paraît tenir tout entière à la latitude, pour ainsi dire indéfinie, qui lui est laissée, de monter des mécanismes qui feront échec à d'autres mécanismes. [...] la supériorité de notre cerveau réside dans la puissance de libération qu'il nous donne vis-à-vis de l'automatisme corporel, en nous permettant de créer sans cesse de nouvelles habitudes, qui absorberont les autres ou qui les tiendront en respect [1].

Plus libre qu'aucune activité sportive déterminée, plus hétérogène que l'idéal olympique des épreuves mixtes comme le décathlon, le modèle adéquat de l'activité cérébrale selon Bergson serait donc à chercher du côté d'une espèce de jeu multi-sports ouvert à toutes sortes d'hybridations et de reconfigurations. Mais que se passe-t-il justement si l'on s'intéresse, dans la perspective ouverte par Bergson, à une activité déterminée, tir à l'arc ou tennis de table, et à l'idéal de perfection technique dont témoigne dans ce cas la recherche de la « zone » ? À quelle disposition paradoxale correspond la volonté de réaliser cette forme d'automatisme contrôlé ?

LE CORPS ET L'ESPRIT, UNE FOIS DE PLUS

Notons pour commencer que le « cerveau » – et la « pensée » qui redouble ses opérations dans la conception communément admise du parallélisme psycho-physique – n'est évidemment pas seul à agir. En disant cela, on n'entend pas simplement faire droit aux facteurs psychologiques et environnementaux qui conditionnent la performance, mais

---

1. « Le parallélisme psycho-physique et la métaphysique positive », art. cit., p. 255-256.

justement au corps lui-même, dont Bergson nous explique qu'il n'est pas du tout évident que nous sachions où il commence ni où il finit. Ce serait une belle chose de pouvoir placer sa conscience en « pilote automatique » pour laisser agir, en mode intuitif (ou sous-cortical, si l'on préfère), les montages sensori-moteurs qui font reconnaître ordinairement le corps sportif. Mais les témoignages rapportés par les sportifs ne doivent pas faire illusion sur ce point. D'abord, c'est un paradoxe bien connu que les compétences inconsciemment mises en œuvre dans les états euphoriques associés au concept de « zone » ne sont de toute évidence pas intégralement réductibles à des codages sensori-moteurs ; elles sont le produit de facultés cérébrales de haut niveau – celles là-même qu'on s'imagine pouvoir court-circuiter dans le cœur de la performance pour laisser agir le corps seul –, jointes à l'expérience accumulée ou à la mémoire des efforts déployés durant des centaines et même des milliers d'heures d'entraînement intensif. Dans des activités élaborées comme le jeu ou le sport, les schèmes sensori-moteurs fonctionnent nécessairement en association avec des « schémas dynamiques » dont Bergson explique qu'ils sont des condensés d'expérience irréductibles à aucune image ou configuration matérielle [1]. Le passé agit contre le présent, il se prolonge en lui : c'est littéralement, et non par l'effet d'une interprétation surajoutée à l'explication strictement physiologique ou balistique, que la Panenka de Zidane récapitule toute l'histoire du football en même temps que sa trajectoire personnelle. Ensuite, toute la question est de

---

1. Sur l'idée de schéma dynamique selon Bergson, voir « L'effort intellectuel » dans *L'Énergie spirituelle*, Paris, P.U.F., 2010, p. 161. Cette conception est notamment appuyée sur l'exemple des joueurs d'échecs, p. 163-164.

savoir de quel corps nous parlons, lorsque nous disons que le corps prend le relais et se met à fonctionner de lui-même. Car le corps n'est pas simplement ce qui agit ; c'est aussi ce qui perçoit. Telle est peut-être la thèse la plus étonnante que nous héritons de Bergson. Or il est bien clair que les phénomènes de « flow » dont il est question ici mettent en jeu de nouvelles dimensions perceptives : c'est même ainsi, sous l'espèce d'une révélation phénoménologique attachée à un nouveau régime d'exercice des fonctions habituelles du corps sportif, qu'ils sont systématiquement présentés. Nous allons voir que le détail et la variété de ces dimensions perceptives oblige à compliquer la conception mécaniste qui sous-tend encore souvent l'idée d'une simple délégation de pouvoir de la conscience attentive au corps compétent.

Lorsqu'on lui prodiguait des conseils techniques pour améliorer son jeu, Yogi Berra, vedette du baseball et philosophe à ses heures, avait l'habitude de répondre : « How can I hit and think at the same time ? »[1]. De là à supposer qu'il suffit de ne pas penser pour bien jouer (pourvu qu'on soit bon !), il y a un pas que les amis du « flow » n'hésitent pas à franchir. C'est cette manière de poser le problème qu'il faut d'emblée dépasser si l'on ne se satisfait pas des discours sur la co-implication harmonieuse du « physique » et du « mental », ou de l'heureuse coïncidence de la tension et de la détente, de la concentration et du détachement. Le corps perçoit. Il pense. Peut-être même lui arrive-t-il de rêver. C'est en approfondissant cette idée qu'on se mettra en chemin de comprendre comment l'attention peut se conjuguer avec une réelle distraction, dans une expérience de concentration dispersée où le flux se transforme en flottement.

---

1. Notons que c'est le même Berra qui disait : « Ninety percent of hitting is mental, the other half is physical » !

ÉTATS SECONDS ET FANTAISIE BURLESQUE

Mais d'abord, que visons-nous ici sous le terme de « perception » ? Il est difficile de savoir quelles scènes précises défilent sur la face interne des paupières de Dimitrij Ovtcharov lorsqu'il se tourne pendant de longues secondes vers son entraîneur sans paraître se rendre compte que le match est déjà fini. Mais des témoignages sûrs nous apprennent que la transformation du corps sportif passe par une altération sensible du flux temporel.

Voici par exemple ce que confie John Brodie, un ancien « quarterback » de l'équipe de football américain de San Francisco, à Michael Murphy, l'auteur de *The Psychic Side of Sports* et de *In the Zone : Transcendent Experience in Sport* : « Parfois, et de plus en plus souvent maintenant, je fais l'expérience d'une sorte de clarté dont je n'ai jamais trouvé de description juste dans ce qui s'écrit sur le football. Parfois, par exemple, le temps semble se ralentir énormément et d'une façon étrange, comme si tout bougeait au ralenti. J'ai l'impression d'avoir tout le temps du monde pour observer les receveurs exécuter leurs passes, et pourtant je sais bien que la ligne de défense se rapproche de moi aussi vite que d'habitude. Je sais très bien à quelle vitesse et avec quelle force ces gars sont en train d'arriver vers moi, et pourtant ça a l'air d'une scène de cinéma ou d'une danse au ralenti. C'est beau. » [1].

---

1. « At times, and with increasing frequency now, I experience a kind of clarity that I've never seen adequately described in a football story. Sometimes, for example, time seems to slow way down, in an uncanny way, as if everyone were moving in slow motion. It seems as if I have all the time in the world to watch the receivers run their patterns, and yet I know the defensive line is coming at me just as fast as ever. I know perfectly well how hard and fast those guys are coming and yet the whole thing seems like a movie or a dance in slow motion. It's beautiful. » (*Intellectual Digest*, janvier 1973, p. 19-20).

Du côté de l'athlétisme européen cette fois-ci, Stéphane Diagana décrit – de façon assez obscure, il est vrai – une expérience proche et cependant beaucoup moins fluide, où la dilatation temporelle se conjugue à une espèce de vision stroboscopique :

> On a l'impression qu'on a le temps. Comme si l'action ralentissait le temps. Pour illustrer ça, je raconte souvent que j'ai des souvenirs, des tranches de vie, qui font l'épaisseur d'un trentième de seconde. Mais je me souviens qu'il s'est passé quelque chose de précis, que je me suis jeté sur la ligne d'une certaine manière par exemple. [...] Je n'ai jamais ressenti "la zone" ailleurs que dans le sport. Le sport, c'est ce qui a fait que dans ma vie le millième de seconde a existé. Le sport dilate le temps et l'espace. Je crois que je ne serai plus jamais dans "la zone"[1].

Que signifie cette vision laminée, kaléidoscopique ? Comment reconstituer une expérience de « flux » (*flow*) avec des tranches d'un trentième de seconde, voire avec des vécus accrochés au millième de seconde ? Nous touchons là à un des aspects les plus intéressants de ce corps augmenté que promet l'exercice sportif lorsqu'on accepte d'y intégrer la dimension de dopage psychique qu'il suppose inévitablement à un certain degré d'excellence[2]. Ce que

---

1. Cité par Renée Greusard, « La zone, le mystérieux état second dont rêvent les sportifs », *Rue89*, 23 mars 2012 (http://www.rue89.com/rue89-sport/2012/03/23/la-zone-le-mysterieux-etat-second-dont-revent-les-sportifs-230425). Voir sur le même sujet l'article de Lawrence Schainberg dans le *New York Times* du 9 avril 1989, « Finding "The Zone" » (http://www.nytimes.com/1989/04/09/magazine/finding-the-zone.html).

2. Cette dimension est évidente, bien que déniée, dans les discours de condamnation du dopage ordinaire. Comme le fait remarquer Derrida à ce sujet, l'idée que partagent les ennemis du dopage est que « l'intégrité

libère l'hypnose légère du sportif absorbé dans l'exécution de son geste, c'est un sentiment atmosphérique de la situation. Plus de résistance, plus d'effort : l'esprit ne se fixe nulle part, et ce faisant il se disperse. Comme un nuage se déforme en tous sens, lentement déchiqueté par le vent, la conscience n'offre plus de cohérence globale ; de loin en loin elle se condense, prenant en vue une scène qui la frappera par sa clarté, son évidence, mais sans se raccorder de manière continue à celles qui précèdent. Les automobilistes qui ont été sujet à l'hypnose autoroutière savent de quelle manière on peut avaler des kilomètres en se fiant à ce genre d'attention flottante. L'accélération perçue au ralenti par le « quarterback » Brodie, le temps kaléidoscopique de Diagana, font entrevoir le match de football tel que l'appréhenderait une conscience entièrement livrée à la fantasmagorie sportive : un flux d'images entrant en coalescence comme des « dissolving views », obstruant le « tunnel de présence » qui permet ordinairement au temps de s'écouler à son rythme en embrassant dans un seul courant une multiplicité de flux simultanés [1].

À vrai dire, l'état qu'on cherche à cerner est peut-être plus proche de l'attention scindée ou distribuée que de la distraction au sens où l'entend Bergson – c'est-à-dire comme un facteur qui nous détourne de l'attention à la vie. On ne comprendrait pas, autrement, que cette disposition

à maintenir n'est pas seulement celle du corps naturel, c'est aussi celle de la bonne volonté, de la conscience, de l'esprit, qui manœuvrent le corps dans le travail sportif, dans ce travail gratuit ou dans ce jeu politiquement sain qu'est la compétition sportive, de Platon à nos jours. » (J. Derrida, *Points de suspension*, Paris, Galilée, p. 262). La condamnation du dopage psychique est donc implicite dans celle du dopage physique.

1. Sur cette idée de « tunnel de présence », voir T. Metzinger, *The Ego Tunnel*, New York, Basic Books, 2009, p. 34 *sq.*

somnambulique soit si efficace, si bien ajustée aux fins de l'action sportive, bien qu'elle s'abstienne – et justement parce qu'elle s'abstient – de viser le résultat pour lui-même. On sait depuis la fin du XIXe siècle, grâce aux travaux de la psychologie expérimentale, que l'attention concentrée, entendue comme conduite active, se traduit par une réduction correspondante du champ perceptif. John Dewey, notamment, y a insisté : l'intensification de la perception sur un point de l'espace perçu a pour condition l'anesthésie de certaines zones périphériques [1], de sorte qu'il entre dans tout processus d'attention une part essentielle de distraction. Mais inversement, la distraction entretenue par le procédé du choc, peut déterminer par réaction un surcroît d'attention. C'est là le ressort dialectique de l'image filmique selon Benjamin : « Le choc traumatisant du film, comme tout traumatisme demande à être amorti par une attention soutenue. » [2]. Ainsi la distraction n'est plus seulement une manière de s'immuniser contre l'effet traumatique du choc ; elle participe d'un « apprentissage » et d'un « entraînement », celui de la « réception dans la distraction [3] ». Relayée par les nouveaux dispositifs de vision, elle n'apparaît pas seulement comme une condition fondamentale permettant d'acquérir et d'incorporer des compétences, en général [4] ; elle devient elle-même une compétence réflexive d'un

1. *Cf.* J. Crary, *Suspensions of Perception : Attention, Spectacle, and Modern Culture*, Cambridge Mass., MIT Press, 2001, p. 24.

2. W. Benjamin, « L'œuvre d'art à l'époque de sa reproduction mécanisée », dans *Écrits français*, Paris, Gallimard, 1991, p. 214.

3. W. Benjamin, « L'œuvre d'art à l'époque de sa reproduction mécanisée », *op. cit.*, p. 217.

4. « S'habituer, le distrait le peut aussi. Bien plus : ce n'est que lorsque nous surmontons certaines tâches dans la distraction que nous sommes sûr de les résoudre par habitude. » (*Ibid.*, p. 216).

genre particulier, une disposition qui peut se cultiver. C'est en ce sens qu'on peut dire – en revenant aux catégories bergsoniennes – que le type d'attention flottante requis par l'épreuve sportive dans ses moments critiques trouve sa place quelque part entre le rêve et le rire, le somnambulisme et le burlesque – si l'on accepte du moins de distinguer ce dernier du comique, ou d'y chercher un renversement de sa formule canonique. Un tel renversement a déjà été suggéré par Deleuze qui écrivait, au sujet de Keaton : « Le comique n'est plus du mécanique plaqué sur du vivant, mais du mouvement de monde emportant et aspirant le vivant. » [1]. Déroulons cette intuition jusqu'au bout. Le laminage du flux, les effets de latence ou de déphasage, les anamorphoses spatio-temporelles qui accompagnent la conscience somnambulique du sportif sont en tout état de cause le résultat d'un filtrage du champ perceptif. Être emportée par un « mouvement de monde », cela signifie pour la conscience neutraliser des pans entiers de son environnement afin de mieux laisser agir un corps monstrueux par lequel elle se laisse conduire les yeux bandés, en quelque sorte, parce qu'elle n'en a probablement pas encore pris la mesure exacte.

---

1. G. Deleuze, *L'Image-temps*, Paris, Minuit, 1985, p. 89. Et aussi : « Le nouveau burlesque ne vient plus d'une production d'énergie par le personnage, qui se propagerait et s'amplifierait comme naguère. Il naît de ce que le personnage se met (involontairement) sur un faisceau énergétique qui l'entraîne, et qui constitue précisément le mouvement de monde, une nouvelle manière de danser, de moduler. » J'ai tenté de montrer ailleurs les enjeux de ce renversement de la formule bergsonienne, en parlant d'un comique d'atmosphère : « Gaz hilarants : introduction au comique d'atmosphère », dans J. Birnbaum (dir.), *Pourquoi rire ?*, Paris, Folio-Gallimard, 2011.

LE PETIT CORPS ET LE GRAND CORPS

On l'a suggéré plus haut, le corps sportif, composé à force d'entraînement et d'effort, est en réalité double. Le corps vécu, le corps intime révélé dans le sentiment de l'effort – le « corps propre » de la phénoménologie –, n'en constitue que la face interne. Il convient de le compléter par un corps percevant dont la surface d'opération déborde de toute part le périmètre de l'action située. En vérité, ce corps-là s'étend virtuellement jusqu'aux étoiles. C'est ce corps immense, véritablement cosmique, que décrit Bergson dans une des pages les plus frappantes des *Deux Sources de la morale et de la religion*. C'est lui que nous devinons derrière le rêve éveillé du sportif, traînant dans son sillage une nuée de perceptions et d'affects nouveaux :

> [M]ême par son corps, l'homme est loin de n'occuper que la place minime qu'on lui octroie d'ordinaire, et dont se contentait Pascal lui-même quand il réduisait le "roseau pensant" à n'être, matériellement, qu'un roseau. Car si notre corps est la matière à laquelle notre conscience s'applique, il est coextensif à notre conscience, il comprend tout ce que nous percevons, il va jusqu'aux étoiles. Mais ce corps immense change à tout instant, et parfois radicalement, pour le plus léger déplacement d'une partie de lui-même qui en occupe le centre et qui tient dans un espace minime. Ce corps intérieur et central, relativement invariable, est toujours présent. Il n'est pas seulement présent, il est agissant : c'est par lui, et par lui seulement, que nous pouvons mouvoir d'autres parties du grand corps. Et comme l'action est ce qui compte, comme il est entendu que nous sommes là où nous agissons, on a coutume d'enfermer la conscience dans le corps minime, de négliger le corps immense. […] Si la surface de notre très petit corps organisé (organisé précisément en vue de

l'action immédiate) est le lieu de nos mouvements actuels, notre très grand corps inorganique est le lieu de nos actions éventuelles et théoriquement possibles : les centres perceptifs du cerveau étant les éclaireurs et les préparateurs de ces actions éventuelles et en dessinant intérieurement le plan, tout se passe *comme si* nos perceptions extérieures étaient construites par notre cerveau et projetées par lui dans l'espace. Mais la vérité est tout autre, et nous sommes réellement, quoique par des parties de nous-mêmes qui varient sans cesse et où ne siègent que des actions virtuelles, dans tout ce que nous percevons [1].

Le sportif a donc, comme chacun, deux corps : corps-action et corps-perception, toucher et vision. Il y a, d'une part, le corps intime, touchant-touché, involué et donc aussi spiritualisé, que révèle à chaque instant le sentiment de l'effort, qui est aussi l'épreuve d'une résistance. C'est lui qui, tendu vers l'action, arc-bouté sur les schémas corporels, mord sur le réel et y insère ses gestes. C'est en lui que s'enracine l'expérience primitive du flux, qui est l'expérience d'une multiplicité de fusion ou de pénétration réciproque des états de conscience, à l'image du poing qui, serré de plus en plus fortement, fait passer la sensation de pression par une série de nuances qualitativement différenciées, traduisant la mobilisation de parties de plus en plus nombreuses de notre corps : « la sensation qui y était localisée d'abord a envahi votre bras, remonté jusqu'à l'épaule ; finalement, l'autre bras se raidit, les deux jambes l'imitent, la respiration s'arrête ; c'est le corps qui donne tout entier [2] ». C'est ce corps « propre », ce petit corps, sur

1. H. Bergson, *Les Deux Sources de la morale et de la religion*, Paris, P.U.F., 2008, p. 274-275.

2. H. Bergson, *Les Données immédiates de la conscience*, Paris, P.UF., 2007, p. 18.

lequel se concentre dans un premier temps l'entraînement du sportif, dans sa dimension la plus immédiatement sensori-motrice : il s'agit de contracter des automatismes. Le cerveau, « organe de sport », supervise les montages et leur assure, à force d'exercice, un maximum d'unité et de convergence.

Mais il y a, d'autre part, le corps extravasé, inorganique, visionnaire, virtuellement aussi large que l'univers lui-même, auquel donne accès toute perception, appareillée ou non. Celle-ci peut évidemment toujours se limiter elle-même conformément aux exigences de l'action immédiate : c'est d'ailleurs ce que réclame en général le cerveau, dont il faut se rappeler qu'il est avant tout l'organe de l'attention à la vie. La satisfaction des exigences vitales réclame à tout instant le filtrage de l'expérience, à commencer par le refoulement actif des souvenirs non immédiatement utiles [1]. C'est ainsi que l'action peut viser le réel à travers la lucarne du présent. Le cerveau sélectionne les informations utiles et oblitère par là-même des pans entiers d'une expérience virtuelle qui déborde de tous côtés les limites du petit corps. Il agit comme un goulet d'étranglement, canalisant et rétrécissant à proportion le domaine de la réalité, de sorte qu'on peut dire que le petit corps est en réalité découpé dans le grand, dont il constitue en quelque sorte le noyau actif et affectif. Le grand corps, le corps percevant, n'est pas « projeté » à partir du petit, il ne prend pas naissance dans l'intimité des événements cérébraux, comme le veut le sens commun matérialiste, mais au contraire les précède. Le grand corps est le milieu virtuel, en droit coextensif à la conscience, dans lequel s'individualise le petit corps. Celui-ci naît, comme on l'a dit, d'une activité

---

1. Voir H. Bergson, *Le souvenir du présent et la fausse reconnaissance*, Paris, P.U.F., 2012.

de limitation et de rétrécissement qui est l'œuvre commune des montages sensori-moteurs supervisés par le cerveau.

LE TROISIÈME CORPS ET LA PSYCHÉDÉLIE

Ce qui distingue à cet égard le sport proprement dit des multiples « sports » auxquels nous destine le simple fait de vivre, et donc de contracter des habitudes en général, c'est la manière dont ces deux corps se rapportent l'un à l'autre et entrent dans une composition nouvelle à la faveur de certaines expériences privilégiées. Voyons cela de plus près.

Les drogues sont évidemment la voie la plus courte vers un élargissement du champ de l'expérience : en cherchant à obtenir des états modifiés de conscience par l'action d'adjuvants chimiques, elles permettent d'ouvrir les portes de la perception, ou tout simplement – car c'est de cela qu'il s'agit – de s'installer dans les franges de la perception de manière à faire lever une poussière de sensations sur laquelle la fantaisie greffera plus ou moins librement des lambeaux de souvenirs errants, ou surnuméraires. C'est le rêve éveillé dans sa version proprement hallucinatoire[1]. L'effort intense du sportif s'épargne ce genre de procédés. Le dopage psychique lui permet de viser directement la « zone » qui constitue – telle que nous l'interprétons ici – la bordure des deux corps, ou leur point d'échange. Car le petit corps, bien que cantonné à cette sphère étroite d'expérience que nous nommons « réalité », ne cesse pour son compte de suggérer des prolongements virtuels. L'histoire de l'humanité peut se comprendre, en ce sens, dans les termes d'une organologie générale, comme

---

1. On se reportera sur ce point à l'étonnante théorie matérialiste du rêve proposée par Bergson dans *L'Énergie spirituelle*.

la constitution progressive d'un fantastique corps collectif. Ce corps immense – auquel il convient bien entendu de joindre toutes les prothèses techniques dont l'humanité s'est dotée – est certes premièrement ordonné aux fins de l'action vitale, mais il ouvre aussi toutes sortes de perspectives gratuites. « Nous voyons les étoiles, écrit Bergson, alors que nous sommes sans action sur elles ». La vue elle-même constitue à cet égard le meilleur exemple d'« un dispositif dont l'effet dépasse son objet »[1]. Quant au sport, envisagé du point de vue de ce qui en lui excède tout intérêt strictement hygiénique, on peut dire que sa fonction première est d'inventer un nouveau corps, et donc aussi de nouvelles perceptions, de nouvelles manières de sentir et de penser, en dépliant sur le grand corps virtuel qui s'étend jusqu'aux étoiles le petit corps musclé et docile que le sportif s'est construit à force de volonté et d'effort. Les états seconds qui accompagnent la fréquentation de la « zone », les jouissances quelque peu coupables qu'ils procurent à celui qui s'y aventure, jalonnent l'histoire secrète du sport. Pour qui sait y prêter attention, ils font apparaître par éclats ce troisième corps monstrueux, ce corps de douleur et de plaisir qui est à l'horizon de toute psychédélie sportive.

---

1. H. Bergson, *Les Deux Sources de la morale et de la religion*, *op. cit.*, p. 179. Je dois à Hisashi Fujita d'avoir attiré mon attention sur ce dépassement du pragmatisme de la perception dans sa propre direction.

Jean-Noël Missa

LA QUESTION DU DOPAGE : UNE ANALYSE PHILOSOPHIQUE

Introduction

L'ambition de ce texte est de participer à la réflexion sur l'avenir d'un sport confronté à la question du dopage. Même si on fait l'hypothèse qu'un sport de compétition sans dopage est préférable à un sport tolérant certaines formes de dopage sous contrôle médical, on peut s'interroger sur le bien-fondé de la politique actuelle menée par l'Agence mondiale antidopage (AMA) et les autorités sportives internationales. L'inefficacité relative des contrôles antidopage engendre de sérieux problèmes d'éthique et de justice sportive. Un très grand nombre d'athlètes dopés parviennent à passer entre les mailles du filet de l'antidopage. Dès lors, les deux objectifs principaux de la politique de l'AMA – permettre aux athlètes de concourir sur un pied d'égalité et éradiquer le dopage – ne sont pas atteints [1]. Le problème est structurel. On peut considérer la politique

---

1. Dans le Code mondial antidopage, on peut lire (page 11) : « Le Code mondial antidopage et le Programme antidopage qui l'appuie ont pour but de protéger le droit fondamental des sportifs de participer à des activités sportives exemptes de dopage, promouvoir la santé et garantir ainsi aux sportifs du monde entier l'équité et l'égalité dans le sport » (Code mondial antidopage, www.wada-ama.org).

antidopage mis en place par l'AMA depuis 1999 comme une expérimentation sociale à grande échelle. Après bientôt 15 ans d'expérimentation, il est temps de faire le point sur cette expérimentation pour savoir si la politique actuelle de prohibition est la meilleure pour minimiser les effets délétères du dopage. Les récentes affaires montrent que dans certaines disciplines sportives comme le cyclisme, le dopage est endémique. L'enquête menée par l'USADA sur l'équipe US Postal de Lance Armstrong indique que, au début des années 2000, la majorité des athlètes participant au Tour de France prenaient des substances interdites [1]. De notre point de vue, il s'agit donc d'examiner la question du dopage dans le sport d'un point de vue pragmatique en se fondant sur une éthique des conséquences. D'un point de vue éthique, deux facteurs nous semblent essentiels : minimiser les risques pour la santé des athlètes et assurer l'équité sportive. Du point de vue des risques pour la santé, il est loin d'être certain que la politique menée actuellement par l'AMA soit la meilleure possible, dans la mesure où, *de facto*, elle laisse se développer un dopage clandestin massif. Du point de vue de l'équité sportive, la politique actuelle est loin d'être satisfaisante, dans la mesure où son inefficacité désavantage les athlètes qui ne prennent pas de produits dopants par rapport à ceux qui se dopent clandestinement. Cela conduit à la situation hautement immorale où le vainqueur est souvent le "meilleur tricheur", c'est-à-dire le plus rusé, le plus intelligent ou le plus chanceux. De plus, indépendamment des questions de santé et d'équité sportive, la politique prohibitionniste de l'AMA engendre un certain nombre d'effets pervers très

1. Voir les annexes du Statement from USADA Regarding the U.S. Postal Service Pro Cycling Team Doping Conspiracy : http://cyclinginvestigation.usada.org/.

préoccupants. La question du dopage devrait donc pouvoir être discutée sans tabou et sans *a priori*. Pour ce faire, il faudrait permettre aux différents acteurs (en particulier, les athlètes) de s'exprimer librement. C'est une question complexe qui n'offre pas de solution simple. Un vaste débat de société devrait être ouvert, sans préjugés, sur les conséquences de la politique antidopage, sur la légitimité d'avoir recours aux technologies d'amélioration dans le sport ainsi que sur la politique sportive à défendre pour permettre aux athlètes d'exercer leur métier dans les meilleures conditions possibles.

LE DOPAGE EST LA CONSÉQUENCE LOGIQUE DE L'ESSENCE DU SPORT DE COMPÉTITION : MAXIMISER LA PERFORMANCE

L'interdiction du dopage introduit au sein du sport de compétition une contradiction structurelle. On demande au sportif à se dépasser lui-même tout en voulant interdire, sur des bases controversées, les moyens rendant possibles ce dépassement. Le dopage n'est rien d'autre que la conséquence logique de la quête d'une maximisation de la performance. La nature du sport de compétition incite les athlètes à compléter leur entraînement par une préparation biomédicale. Il peut sembler paradoxal de vouloir leur interdire une pratique qui est au cœur même de la logique du sport de compétition : améliorer, à n'importe quel prix, les performances. On demande à l'athlète de « se dépasser », de battre des records mais, dans le même temps, on lui interdit de recourir au dopage. Sans recours aux technologies ou aux produits d'amélioration, il y a peu de chance qu'une athlète batte dans un futur proche les 10'49 de Florence

Griffith Joyner sur 100 m [1] (en 1988) ou qu'un cycliste fasse un chrono supérieur au 36 minutes 45 secondes de Marco Pantani dans la montée de l'Alpe-d'Huez (en 1997). Certains records sont impossibles à battre avec un corps « naturel ». On peut évidemment trouver absurde cette quête d'amélioration des performances et estimer qu'il faut renoncer à vouloir battre des records mais, ce faisant, on mettrait fin du même coup au sport de compétition, objectif utopique et peu désirable.

LE DOPAGE N'EST PAS CONTRAIRE À « L'ESSENCE DE L'ESPRIT SPORTIF » : IL FAIT PARTIE DE LA RÉALITÉ, DE LA LOGIQUE ET DE L'HISTOIRE DU SPORT DE COMPÉTITION

Dans les fondements du Code mondial antidopage, il est affirmé que « le dopage est contraire à l'essence même de l'esprit sportif » [2]. Il s'agit là d'une contre-vérité. Le dopage fait partie intégrante du sport de compétition, de sa réalité, de son histoire, de sa logique, et donc de son « essence », si l'on tient absolument à utiliser le vocabulaire

1. Le 16 juillet 1988, aux sélections américaines pour les Jeux de Séoul, à Indianapolis.
2. Voici comment est défini « l'esprit sportif » dans le Code mondial antidopage : « Les programmes antidopage visent à préserver la valeur intrinsèque du sport. Cette valeur intrinsèque est souvent qualifiée d'"esprit sportif" ; elle est l'essence même de l'olympisme ; elle exhorte à jouer franc jeu. L'esprit sportif valorise la pensée, le corps et l'esprit, et se distingue par les valeurs suivantes : – L'éthique, le franc jeu et l'honnêteté – La santé – L'excellence dans la performance – L'épanouissement de la personnalité et l'éducation – Le divertissement et la joie – Le travail d'équipe – Le dévouement et l'engagement – Le respect des règles et des lois – Le respect de soi-même et des autres participants æ Le courage – L'esprit de groupe et la solidarité. Le dopage est contraire à l'essence même de l'esprit sportif » (Code mondial antidopage, www.wada-ama.org).

de l'ontologie[1]. Dans certaines disciplines comme l'athlétisme ou le cyclisme, le dopage est endémique. Prenons l'exemple du cyclisme. Amphétamines, corticoïdes, stéroïdes anabolisants, EPO, PFC, dopage génétique… Chaque époque a eu son produit de prédilection. Après la Seconde Guerre mondiale, les amphétamines devinrent le dopage de base des cyclistes. Rares sont les cyclistes de cette époque qui n'ont pas eu recours aux amphétamines. Les signes corporels de prise de stimulants pouvaient même jouer un rôle dans la stratégie de course adoptée par les champions[2]. Le doping, dans le jargon du peloton, c'était la « charge ». Et beaucoup pensaient que le Tour de France n'aurait plus vraiment été le Tour, sans son lot de coureurs « chargés ». Importés des États-Unis d'Amérique par les militaires américains, les amphétamines devinrent le dopage de base des cyclistes de l'après-guerre. Elles diminuaient la douleur et augmentaient l'envie de pédaler. « Celui qui ne se dope pas est un pauvre type voué par avance à la défaite », écrivait, lucide, Félix Levitan, co-directeur du

1. Pour une histoire du dopage, voir, par exemple, P. Dimeo, *A History of Drug Use in Sport (1876-1976)*, Londres, Routledge, 2007.
2. Les amphétamines, « La bomba », dans le jargon cycliste italien, donnaient au cycliste un surcroît d'énergie à la fin d'une étape, mais pouvaient aussi l'empêcher de dormir et de récupérer pendant la nuit. Dans son ouvrage *Fallen Angel. The Passion of Fausto Coppi*, l'historien du cyclisme William Fotheringham raconte qu'avant une étape de montagne du Giro, Coppi demanda à un de ses équipiers, le *gregario* Ettore Milano, de regarder l'état des yeux de son principal rival, le champion suisse Hugo Koblet. « To my immense pleasure, raconte Milano, I noticed that Koblet had eyes that would scare you. At once I went to Fausto and said to him "Look Koblet has 'drunk' – his eyes are in the back of his head." "Mine are too", said Fausto. » Fort de cet indice, Coppi attaqua son rival dans l'ascension du Stelvio et gagna le Giro 1953 (W. Fotheringham, *Fallen Angel. The Passion of Fausto Coppi*, Londres, Yellow Jersey Press, 2009 ; R. Moore, *Stelvio, Rouleur, Issue Seven*, 2007, p. 40).

Tour de France, dans un numéro de 1965 du *Miroir des sports*. La fléchette d'amphétamine reculait le seuil de la souffrance. Le coureur n'avait plus conscience de ses limites. Il devenait machine à pédaler. Jusqu'à la victoire, quand tout allait bien. Jusqu'à l'effondrement, lorsqu'une charge excessive faisait exploser la chaudière humaine, à l'instar de Tom Simpson qui s'effondra brutalement en 1967, dans l'ascension du Mont Ventoux. Dans le jargon du peloton, une « chaudière » désignait un coureur dopé. Les analyses pratiquées sur le corps sans âme de Simpson montrèrent que la prise d'amphétamines, alliée à la chaleur, à la fatigue et à l'alcool, avait été responsable du décès du sportif. Ce fut un des produits les plus utilisés dans les années 1970 et 1980. Dans son livre *Nous étions jeunes et insouciants*, Laurent Fignon, double vainqueur du Tour de France, admet avoir eu recours aux corticoïdes et explique que, dans le jargon cycliste, l'expression « faire le métier » signifie prendre des produits dopants [1].

L'érythropoïétine (EPO) fit son apparition dans le peloton vers 1990. L'érythropoïétine stimule la production de globules rouges. Obtenue artificiellement par génie génétique, l'EPO est prescrite chez certains insuffisants rénaux traités par hémodialyse, ou pour soigner de graves anémies. Dans le cyclisme, elle a contribué à améliorer les performances. Toujours la même évolution, du thérapeutique au mélioratif. Dans les années 1990 et 2000, une victoire au Tour sans prise d'EPO était virtuellement impossible. Dans son témoignage devant l'agence américaine antidopage (USADA), l'ancien fidèle coéquipier de Lance Armstrong explique dans quelles circonstances Armstrong et lui ont été contraints de prendre l'EPO à

---

1. L. Fignon, *Nous étions jeunes et insouciants*, Paris, Grasset, 2009, p. 89.

partir de 1995 après avoir constaté que « We got crushed
in the Milan San Remo race and coming home from the
race Lance Armstrong was very upset. As we drove home
Lance said in substance 'this is bull shit, people are using
stuff and we are getting killed'. He said in substance that
he did not want to get crushed any more and something
needed to be done. I understood that he meant the team
needed to get on EPO » [1]. Interviewé par Oprah Winfrey
en 2013, Lance Armstrong affirme que pour gagner le
Tour, le recours au dopage était indispensable. Selon
Armstrong, prendre des produits interdits faisait partie
intégrante du métier de cycliste : « That's like saying we
have to have air in our tyres or we have to have water in
our bottles. That was, in my view, part of the job » [2]. L'usage
d'EPO pouvait être combiné à celui plus ancien de
l'autotransfusion. Après une cure d'EPO, le coureur se
faisait prélever du sang pendant l'hiver, quand il n'y avait
pas de contrôle, puis le gardait au frais, prêt à l'emploi,
pour les compétitions. Les chambres des coureurs
s'apparentaient à des laboratoires médicaux avec pharmacie,
poches de sang et micro-centrifugeuses pour tester le niveau
de l'hématocrite. L'accès à la confrérie des cyclistes
professionnels passait quasi obligatoirement par le rituel
initiatique du dopage. Au début, le néophyte qui avait un
tant soit peu de talent croyait toujours qu'il pouvait pratiquer
le cyclisme sans se doper. Son organisme était frais, il
récupérait vite, gagnait des courses et rivalisait même avec

1. Voir l'affidavit George Hincapie disponible dans les « Appendices
and supporting materials » du Statement from USADA Regarding the
U.S. Postal Service Pro Cycling Team Doping Conspiracy :
http://cyclinginvestigation.usada.org/.
2. Voir la retranscription de l'interview de Lance Armstrong par
Oprah Winfrey : http://armchairspectator.wordpress.com/2013/01/23/
full-transcript-lance-armstrong-on-oprah/.

des adversaires dont on disait qu'ils étaient chargés. Puis la fréquence et le nombre des courses augmentaient, et il était très vite confronté au fossé qui existait entre lui et ceux qui « se soignaient ». Le passage à l'acte se faisait alors petit à petit. On lui proposait d'abord des produits inoffensifs mais qui étaient administrés par injection. Cette première étape permettait de franchir un premier seuil psychologique car, dans l'esprit du jeune cycliste, la piqûre était synonyme de dopage. La suite venait logiquement. Puisque l'activité était améliorée par un produit de récupération, on passait au comprimé de corticoïde banal, conseillé par un équipier qui assurait que ce n'était pas dangereux. Au début, le bénéfice était évident. Mais par la suite, avec l'accoutumance, comment ne pas augmenter les doses et refuser les produits plus lourds, stéroïdes, amphétamines, EPO… ? Tous les coureurs avaient connu cette spirale implacable. Certains résistaient plus longtemps que d'autres mais tous, ou presque, finissaient par céder, pour conserver leur boulot de cycliste professionnel et par amour du vélo. Certes, le dopage n'était pas officiellement imposé par l'équipe. Mais celui qui ne prenait rien se doutait bien que son contrat ne serait pas renouvelé. Il savait aussi qu'il n'avait aucune chance de figurer dans les prétendants à la victoire finale. Le dopage fait partie intégrante de la culture du cyclisme [1]. Dire que le dopage est contraire à l'esprit du sport, c'est nier l'histoire et la réalité du sport. Le dopage est au cœur du sport de

---

1. Pour s'en convaincre, il suffit de lire quelques biographies ou témoignages de cyclistes ou de personnalités appartenant au monde du vélo. Voir, par exemple, E. Menthéour, *Secret défonce*, Paris, Lattès, 1999 ; R. Bastide, *Doping. Les surhommes du vélo*, Paris, Solar, 1970 ; P. Kimmage, *Rough Ride*, Londres, Yellow Jersey Press, 2001 ; Ph. Gaumont, *Prisonnier du dopage*, Paris, Grasset, 2005.

compétition [1]. La nature du sport professionnel conduit les athlètes à parachever leur entraînement par une préparation biomédicale. On peut regretter ce fait et vivre dans la nostalgie d'un sport pur qui n'a jamais existé. Mais on peut difficilement nier que le recours au dopage et à la technologie biomédicale trouve spontanément sa place dans la philosophie de maximisation des performances qui est celle du sport de haut niveau. N'est-il donc pas paradoxal de vouloir interdire un comportement qui résulte de la philosophie de base du sport de compétition ? Ne serait-il pas plus cohérent d'admettre que l'amélioration biomédicale du sportif fait partie intégrante de la préparation de l'athlète de haut niveau [2]. Dans leur enquête sociologique sur le monde cycliste, Christophe Brissonneau, Olivier Aubel et Fabien Ohl constatent que la pharmacologie est intégrée à la planification de l'entraînement : « Sans pharmacologie, les charges d'entraînement deviennent impossibles à suivre. Le volume d'entraînement (en heures), la fréquence cardiaque (par minute), le braquet utilisé, le type de produit à consommer et la posologie font partie du plan d'entraînement. Ces quatre paramètres principaux reflètent

1. Dans une remarquable enquête sociologique qui s'appuie sur des récits de cyclistes, Christophe Brissonneau, Olivier Aubel et Fabien Ohl ont montré que le dopage fait partie de la culture professionnelle du monde du vélo. Pour de nombreux cyclistes, le dopage n'est pas conçu comme une tricherie. Se doper, c'est faire son métier (*L'épreuve du dopage*, Paris, P.U.F., 2008).

2. C'est la position défendue par Kayser, Mauron, et Miah : « Elite athletes are also constituted by scientific knowledge and this is a valued aspect of contemporary sport. As such, translating doping enhancements into earned advantages – having the best scientists on one's team – would more closely align to the values of competition than leaving it all to chance, unequal access to illicit practices, and the cleverness of undetected cheating » (Current anti-doping policy : a critical appraisal, *BMC Medical Ethics*, 2007, 8 : 2).

bien l'intégration de la pharmacologie à la rationalisation du geste et la mobilisation de toutes les technologies possibles au service de la performance. » [1]. Maximiser la performance en développant par l'entraînement ses talents naturels et en recherchant la meilleure préparation biomédicale disponible, voilà qui définit bien mieux l'esprit du sport contemporain que les bons sentiments et les généralités naïves sur l'esprit du sport énoncées dans le Code mondial antidopage.

LA PHILOSOPHIE ANTIDOPAGE EST SOURCE DE PUDIBONDERIE ET D'HYPOCRISIE DANS LE SPORT

Le quatrième argument est lié à l'ambiguïté du double système des règles : les règles *officielles* qui assimilent le dopage à une fraude et les règles *officieuses* qui, dans certaines disciplines, contraignent les athlètes à recourir à des produits dopants. Ce double système crée une extraordinaire hypocrisie.

D'un côté, les responsables de l'AMA ou des instances sportives internationales veulent mener la chasse aux « tricheurs ». Mais, dans les faits, année après année, les athlètes sont contraints de prendre des produits s'ils veulent rester compétitifs. Tout le monde est conscient de l'ampleur du phénomène dopage. Pourtant, dans le discours public, on fait semblant de considérer qu'il ne concerne qu'une poignée de mauvais joueurs obstinés à contourner le règlement pour remporter des victoires faciles. Dans cette optique, la légalisation du dopage sous contrôle médical envisagée par certains pourrait mettre fin au double système de règles et donner au sport davantage de transparence et

---

1. Ch. Brissonneau, O. Aubel, F. Ohl, *L'épreuve du dopage*, Paris, P.U.F., 2008, p. 219.

d'équité. Dans un essai intitulé *L'honneur des champions*, Olivier Dazat s'est insurgé avec raison contre l'hypocrisie des affaires de dopage. « Le peloton sait reconnaître ses tricheurs. Ils ne sont pas ceux désignés par les forces publiques. Les lois du peloton sont orales, et certains déroulements de courses sont d'indéfrichables hiéroglyphes. La langue des coureurs est un dialecte qui nous est inconnu. S'ils pratiquent la langue de bois, s'ils mentent, c'est que leur vérité nous est étrangère. [...] Il y a donc bien ici deux morales qui s'affrontent tragiquement. Une morale publique – un terrorisme angélique qui, brandissant une improbable éthique du sport, s'autorise à placer des coureurs en garde à vue [...]. Et la morale primitive du peloton, fondée sur un terreau profondément impur où se mêlent le recours effréné aux stimulants et à la combine. [...] Le champion que voudrait imposer notre société ressemblerait à un Monsieur Propre décérébré pédalant sous l'égide parnassienne du sport pour le sport. Mais quel sport ? » [1].

LES FRONTIÈRES ENTRE DOPAGE AUTORISÉ ET DOPAGE NON AUTORISÉ SONT DÉFINIES ARBITRAIREMENT ET EN PERPÉTUELLE ÉVOLUTION

Un hématocrite élevé permet d'améliorer les performances, en particulier dans les sports d'endurance [2]. Les sportifs Colette Besson, Lasse Viren, Kenenisa Bekele, Halle Gebrselassie, Eero Mäntyranta, Bjarn Riis, Marion Jones, Marco Pantani, Riccardo Ricco, et Floyd Landis ont tous bénéficié, pour triompher lors de compétitions menées dans leurs disciplines respectives, d'un taux de

---

1. O. Dazat, *L'honneur des champions*, Paris, Hoëbeke, 2000, p. 6-8.
2. Pour rappel, l'hématocrite est le pourcentage du volume des globules rouges par rapport au volume du sang total.

globules rouges élevé dans le sang leur permettant d'être particulièrement performants. Quelle est la différence entre ces athlètes ? Certains ont enfreint les règles du dopage, d'autres non. Besson, Viren, Mäntyranta, Bekele et Gebrselassie sont restés dans la zone verte autorisée. Ils n'ont jamais violé les règles. Colette Besson, championne olympique sur 400 m aux Jeux de 1968, a été une des premières athlètes à s'entraîner en altitude pour élever artificiellement son hématocrite. Cette pratique a toujours été autorisée. Spécialistes des courses de fond, Bekele et Gebrselassie ont bénéficié d'un hématocrite naturellement élevé parce qu'ils ont vécu sur les hauts-plateaux d'Éthiopie. Skieur de fond finlandais, Eero Mäntyranta a gagné sept médailles aux Jeux olympiques d'hiver entre 1960 et 1968. Il disposait d'un avantage sur ses concurrents, une mutation génétique induisant une modification d'un récepteur à l'érythropoïétine. Cette modification a pour conséquence d'augmenter l'hématocrite, permettant ainsi à Mäntiranta de bénéficier d'une sorte de « dopage naturel ». Certains ont prétendu que Lasse Viren, avait eu recours à des transfusions sanguines pour devenir le double vainqueur du 5000 m et du 10 000 m aux Jeux de Munich et de Montréal, un exploit que même Zatopek n'avait pas réalisé et qui n'a plus jamais été réédité. Mais à l'époque, l'autotransfusion n'était pas interdite par les codes sportifs. De la même façon, la technique du caisson hypobare n'a pas toujours été prohibée. Cette méthode permet de placer artificiellement des sportifs dans des conditions d'altitude contribuant ainsi à élever leur hématocrite. Besson, Viren, Bekele, Gebrselassie, Mäntyranta n'ont jamais été condamnés par les autorités sportives. Leur « dopage » fut jugé « naturel » ou toléré par les règles sportives en vigueur à leur époque. Surnommé « Monsieur 60 % », le cycliste

Riis était dopé à l'EPO lorsqu'il gagna le Tour de France en 1996. Le test permettant de détecter l'EPO dans le sang n'était pas encore disponible. Malgré des aveux tardifs en mai 2007, Riis put finalement conserver son maillot jaune et son nom au palmarès du Tour[1]. Marion Jones, Marco Pantani, Riccardo Ricco et Floyd Landis ne furent pas aussi chanceux. Ils utilisèrent de l'érythropoïétine et d'autres substances pour améliorer leurs performances. Ils furent condamnés pour dopage, avec toutes les conséquences négatives que cela entraîne dans la vie personnelle d'un sportif. Marco Pantani, un cycliste italien, le grimpeur le plus doué de sa génération, fut disqualifié du Giro de 1999, parce que son hématocrite avait été contrôlé au dessus du seuil de 50 % toléré à l'époque. Après cet événement, Pantani fut victime d'une persécution médiatique et judiciaire dont il ne se remit jamais. Il souffrit de dépression avant de s'éteindre isolé dans une chambre d'hôtel de Rimini en février 2004. Marion Jones, une des plus grandes athlètes du XXe siècle, reconnut tardivement avoir pris des produits dopants à partir de 1999. On lui demanda de rendre ses cinq médailles olympiques. En janvier 2008, elle fut condamnée à six mois de prison pour parjure, après avoir nié toute implication dans l'affaire de dopage Balco. Six mois de prison parce qu'elle avait nié avoir pris des substances illicites. Floyd Landis, ancien coéquipier du septuple vainqueur du Tour de France Lance Armstrong, gagna le Tour de France en 2006, mais son titre lui fut retiré à cause d'un taux de testostérone anormalement élevé. Il fut dépouillé de son maillot jaune et condamné à

---

1. En juillet 2008, Bjarne Riis a été réintégré au palmarès du Tour par les organisateurs, avec une mention de ses aveux. En juin 2007, son nom avait été rayé de la liste des vainqueurs du Tour.

une suspension de compétition jusqu'en janvier 1999. Floyd Landis a disparu du palmarès du Tour, mais pas Bjarne Riis qui a pourtant avoué avoir commis une infraction comparable. Pourquoi? Ces exemples révèlent le caractère arbitraire des règles antidopage. Pourquoi punir et ruiner les vies de sportifs aussi talentueux que Landis, Pantani ou Jones? Pourquoi considérer que l'hématocrite naturellement élevé de Mäntiranta grâce à une mutation génétique est plus légitime que l'hématocrite artificiellement élevé d'un Pantani ou d'un Landis? Pourquoi condamner Pantani et Landis et porter en triomphe Mäntiranta? Tout sportif peut être dit dopé, parce que l'organisme de tout athlète est artificiellement modifié. Pourquoi autoriser un stage en altitude qui aboutit à l'augmentation d'érythro-poïétine mais interdire l'injection directe d'EPO? Tous les sportifs sont dopés, mais seuls certains sont en contra-vention, parce qu'ils transgressent les règles ou les lois qui régissent le sport [1]. Mais ces règles ne sont pas immuables. Elles peuvent être modifiées.

LA CONCEPTION DE L'AMA RELÈVE D'UNE PHILOSOPHIE NATURALISTE ET BIOCONSERVATRICE

Le sport de compétition ne relève pas d'une philosophie égalitariste. L'égalité est loin d'être la valeur centrale du sport professionnel. Le sport de compétition est profondément inégalitaire. Schématiquement, l'athlète qui gagne est celui qui a le meilleur potentiel génétique et qui dispose des conditions d'entraînement et d'encadrement médical les plus favorables. L'expression « concourir sur un pied d'égalité » (« *to compete on a level playing field* »)

---

1. Les premiers contrôles antidopage sur le Tour de France ont été introduits au début des années 1960.

est trompeuse. Lorsque l'Agence mondiale antidopage interdit le recours aux technologies ou aux produits dopants pour « garantir aux sportifs du monde entier l'équité et l'égalité » [1], elle défend implicitement une philosophie naturaliste qui considère le sport comme l'arbitre impartial des inégalités naturelles. Dans cette optique, être juste, c'est respecter ces inégalités. L'AMA défend donc un sport de compétition dont le rôle est de mettre en avant les inégalités naturelles. Cette philosophie récompense l'athlète qui est génétiquement et physiologiquement le plus doué, l'« animal » humain le plus fort, le plus endurant ou le plus rapide. En défendant le respect du « donné naturel », cette conception s'apparente au courant bioconservateur dans le débat sur la médecine d'amélioration (*enhancement medecine*). La philosophie naturaliste de l'AMA peut même être transformée par des prêtres de l'antidopage en une véritable religion naturaliste. Dans cette conception religieuse, le dopage devient un véritable péché. Et les athlètes qui se dopent doivent se confesser pour assurer leur rédemption. John Fahey, président de l'AMA, affirme que voir des coéquipiers de Armstrong comme Tyler Hamilton confesser leur dopage « a restauré sa foi dans la nature humaine » [2]. Travis Tygart, chef exécutif de l'USADA, considère « qu'il faut encourager les coureurs à se confesser et à donner des détails sur leur pratique du

---

1. Code mondial antidopage, www.wada-ama.org, p. 11.
2. « Fahey said "seeing cyclists like Tyler Hamilton and White confess their doping past was extremely welcome and restored his faith in human nature to see that is a sentiment that is still in sport". "They've at least said they're sorry and that's a step ahead of some others, who continue to deny reality" said John Fahey » (WADA to consider global amnesty for drug cheats, http://www.news.com.au/sport/more-sport/wada-to-consider-global-amnesty-for-drug-cheats/story-fndukor 0-1226498924207).

dopage ». Au terme de cette confession, les coureurs repentis pourront alors être « pardonnés » et « amnistiés » grâce à la mise en place d'une Commission « Vérité et Réconciliation »[1]. Dans cette conception quasi religieuse, l'antidopage devient une véritable croisade puritaine. Peut-être serait-il plus intelligent de se poser des questions sur le bien-fondé d'une politique antidopage qui contraint les athlètes à se doper – avant de les inviter à se confesser – et qui promet constamment un renouveau du sport sans jamais arrêter le phénomène dopage.

DE L'INÉVITABILITÉ D'UNE ÉVOLUTION BIOTECHNOLOGIQUE DU SPORT

Il n'est pas aisé de dire quelle est la meilleure politique à adopter en matière de dopage. Ce problème n'offre pas de solutions faciles. Mais l'approche pragmatique autorisant le recours à certaines formes de bioamélioration sous contrôle médical semble être la plus en cohérence avec la philosophie globale du sport de compétition : maximiser la performance. Nous pensons que, pour cette raison, la philosophie de l'antidopage est condamnée à perdre du terrain dans les années à venir. Elle pourrait connaître le même destin que l'idéologie de l'amateurisme qui a combattu le professionnalisme – et persécuté les sportifs

---

1. « Tygart said "cycling should adopt a truth and reconciliation commission". Tygart, and others, believe "riders should be given a chance to voluntarily confess and detail doping" » (US Anti-Doping Agency chief Travis T. Tygart insists truth and reconciliation commission will help heal cycling, The Telegraph, 22 octobre 2012, http://www.telegraph.co.uk/sport/othersports/cycling/9626900/US-Anti-Doping-Agency-chief-Travis-T-Tygart-insists-truth-and-reconciliation-commission-will-help-heal-cycling.html)

qui acceptaient des rémunérations – avant de perdre progressivement pied dans les années 1970 en raison de son inadéquation avec la nouvelle réalité du sport dans un monde s'ouvrant davantage au libéralisme et au capitalisme.

Il n'y a pas une seule attitude possible en matière de dopage. Il existe un pluralisme des théories morales. L'éthique n'est certainement pas l'apanage des partisans de la thèse prohibitionniste, comme semblent parfois le penser certains chevaliers blancs de la lutte antidopage, à l'instar de Dick Pound, ancien président de l'AMA, ou de notre compatriote Jacques Rogge, président du CIO, qui ont l'air tous deux de considérer qu'il n'existe qu'une seule Éthique, rédigée en lettres d'or sur le Mont Olympe et interdisant tout recours aux potions magiques. Différentes thèses sont en présence et il serait illusoire de croire que les penseurs prohibitionnistes ont le monopole de l'éthique. Des philosophes, des sociologues, des sportifs défendent aujourd'hui des arguments intéressants permettant de réfléchir au bien-fondé d'une politique interdisant dans le domaine du sport l'usage de substances dopantes. Pour quelles raisons une société encourageant l'amélioration de la performance dans tous les domaines de la vie interdirait-elle des techniques permettant d'améliorer encore et toujours les résultats des athlètes ? Pour autant, nous devons reconnaître que la légalisation du dopage est loin de constituer une solution pleinement satisfaisante. Nous avons stigmatisé l'inefficacité et les effets pervers de la lutte antidopage parce que c'est aujourd'hui la politique officielle des autorités sportives. Mais l'honnêteté intellectuelle nous invite à ajouter que la libéralisation du dopage présente, elle aussi, des effets indésirables. Le principal défaut de cette position peut s'énoncer ainsi : en libéralisant le dopage, on oblige les athlètes qui n'ont pas envie de se doper à se convertir au dopage ou à renoncer à la compétition [1]. Elle élimine ainsi *de facto* la possibilité de pratiquer un sport de compétition sans avoir recours au dopage. La question du dopage est donc un problème qui n'offre aucune solution pleinement satisfaisante. La politique – et l'éthique qui l'accompagne – que l'on souhaite adopter en cette matière dépend d'un choix sur le type d'effets pervers que l'on préfère éviter. Mais ce choix lui-même n'est-il pas une illusion ? Au-delà du débat « pour ou contre le dopage », nous avons le sentiment qu'il est impossible de prévenir l'avènement de certaines formes d'amélioration biotechnologique dans le sport. C'est également l'avis de Ted Friedmann, un spécialiste américain des applications de la thérapie génique en médecine sportive : « Pourquoi pensons-nous que les approches génétiques de l'amélioration des performances sportives soient inévitables ? D'abord, les athlètes aiment prendre des risques. Ce sont de jeunes personnes en bonne santé qui se croient invulnérables. Et on sait qu'ils sont prêts à accepter toutes sortes de risques. Des enquêtes de sondage ont montré que la plupart d'entre eux accepteraient de perdre 20 ans de leur vie si on leur assurait une médaille d'or aux prochaines Olympiades. Ils prendraient ce risque pour gagner la médaille. Il existe des pressions financières et patriotiques pour stimuler les athlètes à réaliser des performances et à gagner. Nous savons que les athlètes ont déjà recours au dopage pharmacologique. Nous savons

1. Ainsi que l'écrit Thomas Murray : « Is it not unfair to put the athletes who want to compete without drugs at a competitive disadvantage by permitting everything to tilt the playing field in favor of the drug users ? ». Voir T.H. Murray, *Sports Enhancement*, www.thehastingscenter. org ; T.H. Murray, K.J. Maschke, A.A. Wasunna, *Performance Enhancing Technologies in Sports*, Baltimore, The Johns Hopkins Univ. Press, 2009.

qu'ils sont informés des technologies de transfert d'ADN et de thérapies géniques. Cette technologie est encore imparfaite mais progresse rapidement. Et nous savons que de nombreuses expérimentations en thérapie génique utilisent des gènes qui présentent des intérêts potentiels pour le sportif : gènes de l'érythropoïétine, de l'hormone de croissance... D'énormes pressions existent au sein du monde sportif qui rendent cette direction très vraisemblable, et même inévitable. »[1]. H. Lee Sweeney partage le point de vue de Friedmann. Pour Sweeney, si une substance comme l'IGF-1 peut être utilisée sans danger par la population ordinaire pour éviter la dégradation de la fonction musculaire liée au vieillissement, il sera extrêmement difficile d'éviter que des athlètes s'en procurent[2]. Au nom

---

1. T. Friedmann, *Potential for Genetic Enhancement in Sports* (transcript), 11 juillet 2002, *The President's Council on Bioethics*, www.bioethics.gov.

2. « But, you know, if you take it away from the athletic context, which sort of muddies the whole thing, then I think of it as a preventative measure. I think if the level of safety was absolutely demonstrable that there was zero risk, then I think every person would want to be treated in this way when they're young enough so that, you know, you would never lose muscle function as you got old, I mean, assuming that you could show that there was no down side to it.

At least from my limited viewpoint, I would see it that way, and this is what I had said and actually the popular press article that I gave you. I think if we come to a point where there's no safety issue at all and no specter of germ line transmission or anything else and all you get out of it is you stay strong as you get old so that you can get around and have a better quality of life, it would be hard for me to believe that that wouldn't then gain acceptance.

And when that gains acceptance in the population in general, then, you know, the athletic government agencies are just going to have to deal with it because whatever enhancement it provides to those athletes the public is not going to care about » (H. Lee Sweeney, *Genetic Enhancement of Muscle*, Friday, September 13, 2002 – http://bioethics. georgetown.edu/pcbe/transcripts).

de quoi d'ailleurs leur interdire la prise d'une substance qui, au-delà de ses pouvoirs dopants, empêcherait les effets délétères sur la fonction musculaire liés au vieillissement? Si on suit les raisonnements de Friedmann et de Sweeney, il existerait une sorte de destin technologique inhérent au sport de haut niveau. Qu'on le veuille ou non, le scénario le plus probable relatif à l'évolution du sport de compétition comprend une utilisation croissante du génie biotechnologique pour améliorer les performances.

Ne pas faire évoluer la réglementation antidopage et rester dans le contrôle coercitif risque d'aboutir à une impasse. La politique antidopage actuelle ne permet pas d'assurer l'équité sportive. Son inefficacité relative conduit à un dopage clandestin massif. Légaliser la pratique dopante sous contrôle médical est une option qu'il faudrait examiner. Le pire serait qu'il n'y ait pas de débat et que l'on s'entête à maintenir une politique incapable de réaliser ses objectifs en terme de santé et d'équité sportive, et dont nous avons dénoncer les effets pervers (contraintes de plus en plus grandes sur la vie privée des athlètes, criminalisation des athlètes dopés, réécriture des palmarès sportifs…). Les choix sociétaux à venir sur le dopage doivent tenir compte de l'inefficacité de la politique actuelle et de la réalité du développement des technosciences biomédicales dans le domaine du sport. Ils relèvent d'un positionnement éthique tendant à maximiser l'équité sportive et à minimiser les risques pour la santé de l'athlète tout en maintenant l'intérêt des compétitions sportives.

ANNE MARCELLINI, MICHEL VIDAL,
SYLVAIN FEREZ, ÉRIC DE LÉSÉLEUC

LA CHOSE LA PLUS RAPIDE SANS JAMBES [1]

En ce début de XXI e siècle, un homme, que l'on aurait qualifié d'infirme il y a à peine 30 ans, interroge notre société et l'institution sportive en particulier, en revendiquant une participation aux compétitions sportives internationales avec des athlètes « valides » jugée problématique. Oscar Pistorius, qui se présente lui-même comme « La chose la plus rapide sans jambes » et se surnomme « Blade Runner », est à l'origine d'un débat fortement relayé par les médias, mobilisant les instances internationales du sport olympique et paralympique, ainsi que la communauté scientifique, et posant la question de son statut, débat qui dépasse largement son cas individuel, pour ouvrir sur celui du statut des athlètes « appareillés ». Tout d'abord considéré comme un athlète handicapé, il a ensuite été désigné comme « dopé technologique », pour être actuellement l'objet de controverses réitérées au regard de la légitimité de sa

1. A. Marcellini, S. Ferez, M. Vidal, É. de Leseulec, « La chose la plus rapide du monde. Oscar Pistorius et la mise en spectacle des frontières de l'humain », *Politix* : numéro spécial « Les frontières de l'humain » volume 23 – n° 90 (2010), p. 139-165.

participation aux compétitions sportives « ordinaires ». Cette question resterait relativement anecdotique, si elle restait confinée à la sphère sportive. Cependant, l'étude des débats suscités depuis 2004 par la situation singulière de cet athlète montre qu'au-delà de la question de l'équité sportive, les controverses autour d'Oscar Pistorius lient d'une manière singulière les débats collectifs sur le dopage sportif avec ceux portant sur la compensation technologique des handicaps et la réparation biomédicale des déficiences. Ainsi s'ouvre à partir de l'arène sportive, un débat politique concernant la place « à faire » dans les sociétés actuelles et futures à l'humain « technologisé », « amélioré », et potentiellement hyper-performant, dont Oscar ¨Pistorius semble être une incarnation remarquable. Ce débat permet, par là même, de saisir les enjeux symboliques du spectacle sportif contemporain :

> Le spectacle organise avec maîtrise l'ignorance de ce qui advient, et tout de suite après, l'oubli de ce qui a pu quand même en être connu. Le plus important est le plus caché[1].

UNE CONTROVERSE SPORTIVE QUI DÉPASSE LE MONDE SPORTIF

En ce début de XXIe siècle, un homme, que l'on aurait qualifié d'infirme il y a à peine 50 ans interroge notre société et le droit sportif en particulier, créant une mise en question durable de l'institution sportive et de ses règles.

1. G. Debord, *Commentaires sur la société du spectacle*, Paris, Gallimard, 1988.

En effet, depuis plusieurs années désormais[1], Oscar Pistorius, athlète paralympique Sud-Africain, est l'objet de débats récurrents, fortement relayés par la presse sportive et généraliste[2], relatifs à la légitimité de sa participation sportive.

Oscar Pistorius est né en 1986 avec une anomalie physique, plus précisément avec une malformation des péronés et des pieds lui interdisant la marche. Les médecins proposent à ses parents, alors qu'il a à peine 11 mois, une double amputation sous le genou qui lui permettra d'utiliser des prothèses et d'apprendre à marcher. Appareillé avec des prothèses de marche, il va mener une enfance ordinaire, suivant ses études, pratiquant différents sports, jusqu'à devenir, adolescent, rugbyman. Son expérience très précoce de la déficience motrice et de l'appareillage ont fortement réduit les incapacités qui auraient pu être une conséquence de son atteinte corporelle. Son mode de vie, des plus ordinaires, l'a amené à une participation sociale normale. A 17 ans, il commence l'athlétisme, s'équipe pour courir,

1. On peut considérer que « l'affaire Pistorius » débute aux Jeux Paralympiques d'Athènes (2004) lorsque cet athlète renverse pour la première fois l'ordre sportif institué en remportant des courses contre les meilleurs athlètes paralympiques de la catégorie « simple amputé tibial » (catégorie paralympique T44), alors qu'il est lui-même « double amputé tibial » (catégorie paralympique T43).

2. Si l'on se réfère à la base de données Factiva, 5909 articles de presse évoquant Oscar Pistorius ont été publiés dans toutes les langues de septembre 2004 à décembre 2008 (dont 5305 de janvier 2007 à décembre 2008). En France, sur les deux années 2007 et 2008, 53 articles lui ont été consacrés dans 5 titres de presse sur un total de 294 portant sur les Jeux Paralympiques, c'est-à-dire 18% du total (*Figaro*, *Midi Libre*, *Libération*, *Le Monde*, *Les Echos*).

ainsi que tous les athlètes amputés, de « Flexfoot »[1], des prothèses de course de haute technologie intégrant une lame en fibres de carbone. S'entraînant comme un athlète de haut niveau, il bouscule bientôt tous les records établis dans le sport paralympique, avant de tutoyer les sommets des performances internationales du 400 m « valides »[2], et revendique alors sa participation aux compétitions sportives « ordinaires ».

C'est ainsi que débute une controverse à son sujet qui va prendre une ampleur remarquable, et que nous nous proposons ici d'étudier pour mettre en évidence les enjeux institutionnels et symboliques qu'elle recèle.

Quels sont les problèmes posés par la demande de participation aux compétitions sportives « ordinaires » de cet athlète ? Quelle est la particularité ou la singularité de ce cas au regard des autres athlètes handicapés ? Quels sont les réactions, les raisonnements tenus et les prises de positions des différents protagonistes devant ce cas apparemment « dérangeant » ? Quel sens donner aux décisions prises par les instances sportives à son sujet ? Qu'est ce que ce cas nous dit des « frontières de l'humain » ?

L'étude proposée ici s'inscrit dans une démarche casuistique[3] qui vise à explorer et approfondir le « cas Pistorius » pour en proposer une interprétation de portée plus générale, concernant le handicap, le spectacle sportif et la question de la définition des « frontières de l'humain »

---

1. Les « Flexfoot » (pieds flexibles), qu'il utilise actuellement sont produits par l'entreprise Ossur, qui a dénommé ce produit « Cheetah », appellation généralement utilisée dans la presse pour désigner cet appareillage.

2. Le terme de « valides » est ici utilisé en référence à l'usage courant qu'en font, en France en particulier, les personnes ayant des incapacités motrices, c'est-à-dire pour désigner les personnes sans incapacités motrices.

3. J. C. Passeron, J. Revel, *Penser par cas*, Paris, EHESS, 2005.

dans la société contemporaine. Il s'agit ici, au travers de cette étude de cas, de faire émerger l'institution, dans sa dimension symbolique, en montrant comment sont discutées et construites différentes rationalités pour aboutir à une décision concernant Oscar Pistorius. Pour cela, nous avons travaillé à partir de sources institutionnelles, de données de presse et de données issues de la littérature scientifique.

Les sources institutionnelles sont principalement des documents produits par les organisations olympiques et paralympiques, ainsi que des ouvrages [1] sur ces mouvements sportifs (la revue Olympique, sites officiels du mouvement olympique et paralympique [2], rapport du Tribunal Arbitral du Sport). Leur analyse sera centrée sur les pratiques et les discours relatifs aux sportifs « handicapés », et plus précisément sur la question de la participation de sportifs « handicapés » aux Jeux Olympiques et de la transformation des modalités d'organisation de celle-ci au cours du temps.

Les données de presse sont celles issues de la couverture par la presse nationale quotidienne et généraliste française de la controverse suscitée par le cas Pistorius, telle qu'elle apparaît de 2004 à 2008 (Le Monde, Le Figaro, Libération). Nous avons fait ici le choix de ne pas retenir la presse sportive dans la mesure où nous cherchons au travers de la couverture nationale de presse à saisir la teneur de cette controverse dans sa migration hors du monde sportif. Ces données de presse (30 articles) ont été traitées par une analyse de contenu visant à faire émerger les systèmes argumentaires mobilisés par la presse quotidienne pour

1. A. Auberger (dir.), *La même flamme. 50 ans de défis et d'exploits Handisport*, Paris, Le Cherche-Midi, 2005 ; S. Bailey, *Athlete first. A history of the paralympic movement*, Chichester, John Wiley & Sons Ltd, 2007.
2. Le site internet officiel du mouvement olympique (version française) : http://www.olympic.org.fr, et le site internet officiel du mouvement paralympique : http://www.paralympic.org.

alimenter cette controverse et la diffuser en dehors du monde sportif.

En dernier lieu, la littérature scientifique traitant du cas Pistorius sera utilisée comme source pour montrer comment le monde scientifique s'invite dans le débat. L'analyse visera ici à mettre en évidence les principaux courants scientifiques et idéologiques qui s'expriment en prenant appui sur cette controverse sportive.

Ces analyses viseront, dans un premier temps, à situer l'irruption du « cas Pistorius » dans l'histoire des relations entre le sport des personnes handicapées et le mouvement olympique, pour en éclairer la singularité. Cette analyse historique permettra de montrer comment l'institution olympique a géré, bien avant le cas Pistorius, la participation d'athlètes handicapés aux Jeux Olympiques au travers d'une assignation catégorielle évolutive structurée et de comprendre le contexte institutionnel dans lequel la demande d'Oscar Pistorius advient.

Cela nous permettra d'explorer ensuite de façon approfondie les différents temps de développement du débat autour du « cas Pistorius », des Jeux Paralympiques de 2004 à l'autorisation donnée à Pistorius de concourir pour les Jeux Olympiques de 2008, en montrant que si les arguments et les prises de position des instances sportives à l'égard d'Oscar Pistorius génèrent un débat politique vif, dans et hors de celle-ci, c'est parce qu'elles questionnent la signification même du sport et donc de façon intrinsèque, les représentations symboliques de l'Homme que le spectacle sportif, comme reflet théâtral de nos sociétés, met en scène.

Nous soutiendrons ainsi la thèse selon laquelle la fonction symbolique majeure du spectacle sportif est certes, celle d'une mise en scène du dépassement de l'Homme,

mais aussi et dans le même temps, celle de l'affirmation
et de la recherche des limites biologiques de l'Homme.
En ce sens les résistances à l'intégration d'Oscar Pistorius
dans le spectacle sportif ne relèvent pas d'une logique
discriminatoire à l'égard des personnes handicapées, mais
d'une tentative de maintien de cette fonction symbolique
du spectacle sportif.

Pour finir, nous montrerons qu'à partir de l'arène
sportive s'est démocratisée une réflexion sociale et politique
plus large sur la place « à faire » dans les sociétés actuelles
et futures à l'humain « technologisé », « amélioré » et
potentiellement hyper-performant, dont Oscar Pistorius
semble être une incarnation remarquable. Dans les questionnements actuels sur les frontières de l'humain, le cas
d'Oscar Pistorius semble s'inscrire dans un processus de
re-catégorisation de l'humain lié au développement
de l'intervention biotechnologique sur l'humain, processus
social dans lequel l'institution sportive joue un rôle
singulier.

LE MOUVEMENT OLYMPIQUE FACE AU « HANDICAP » : ANALYSE HISTORIQUE DE LA CATÉGORIE DES SPORTIFS « HANDICAPÉS » ET DE LEURS MODES DE PARTICIPATION AUX JEUX OLYMPIQUES

La polémique suscitée par l'irruption de cet athlète et
de sa revendication de participation aux compétitions
sportives « valides » nous oblige, pour mieux la comprendre,
à la resituer dans l'histoire des pratiques sportives des
personnes handicapées, et plus particulièrement dans celle
du mouvement paralympique et des relations qui se sont
nouées entre lui et le mouvement olympique.

En effet, Oscar Pistorius n'est pas, loin s'en faut, le premier athlète présentant une atteinte corporelle ou sensorielle à participer aux Jeux Olympiques.

Avant l'institutionnalisation des Jeux Paralympiques en 1960, on peut identifier, à partir des historiographies du mouvement olympique et paralympique, 3 athlètes olympiques dans ce cas[1]. George Eyser est la première figure historique repérée dans les annales du Comité International Olympique, gymnaste unijambiste, ayant gagné lors des Jeux Olympiques de Saint Louis en 1904, 6 médailles olympiques dont 3 d'or en gymnastique[2]. Puis Karoly Takacs (1910-1976), tireur hongrois, amputé de la main droite, gagne une médaille d'or au tir au pistolet lors des J.O. de Londres en 1948, et participera à nouveau aux J.O. de Helsinki en 1952. Enfin, Liz Hartel, danoise, présentant des séquelles de poliomyélite aux deux jambes participe aux J.O. de Helsinki en 1952[3], où elle remporte la médaille d'argent en dressage individuel, puis participera aussi aux J.O. de Melbourne en 1956. La singularité corporelle de ces athlètes est évoquée à l'époque à titre anecdotique, et l'on sait aujourd'hui peu de choses sur le parcours qui les a menés jusqu'aux Jeux Olympiques[4].

1. A. Auberger (dir.), *La même flamme ...*, *op. cit.* et S. Bailey, *Athlete first ...*, *op. cit.*

2. Il a été médaillé dans les épreuves de barres parallèles, barre fixe, corde lisse, cheval d'arçon, saut de cheval et concours complet 4 épreuves.

3. C'est en outre lors de cette olympiade que les épreuves d'équitation olympique s'ouvrent pour la première fois aux femmes, et Liz Hartel est donc, outre le fait d'avoir une déficience des membres inférieurs, la première femme à concourir en équitation, et est opposée à des hommes.

4. Une véritable recherche historique permettant de contextualiser et de retracer les trajectoires de ces athlètes reste à faire, pour comprendre en profondeur la logique individuelle et institutionnelle de ces participations exceptionnelles.

Avant les années 1960, la notion de handicap n'est pas encore très usitée pour désigner comme aujourd'hui dans l'expression « personnes handicapées » l'ensemble des personnes touchées par une déficience, quelle qu'elle soit [1]. De ce fait, ces athlètes ne sont pas désignés à l'époque comme « athlètes handicapés », mais simplement caractérisés par l'atteinte corporelle qui est la leur, c'est-à-dire leur « déficience ».

C'est en 1960 que vont se dérouler les premiers Jeux Paralympiques officiels, à Rome, suite aux différents Jeux de Stoke Mandeville, premières compétitions sportives réservées aux personnes déficientes motrices initiées en 1948 au sein de l'hôpital du même nom. Dès lors, les athlètes qui présentent des déficiences motrices, puis visuelles vont participer des plus en plus massivement aux Jeux Paralympiques qui vont se dérouler tous les 4 ans [2].

Ainsi se construit, au sein de l'institution olympique, un système de classification des athlètes distinguant « athlètes valides » et « athlètes handicapés », qui correspond à deux circuits compétitifs séparés dont les évènements olympiques et paralympiques sont les vitrines.

---

1. En France, c'est en 1957 qu'apparaît officiellement le terme « handicapé » dans la désignation d'une catégorie de la population celle des « travailleurs handicapés » : Loi n° 57-1223 du 23 novembre 1957 sur le reclassement professionnel des travailleurs handicapés, définis ainsi dans l'article 1 : « Est considéré comme travailleur handicapé pour bénéficier des dispositions de la présente loi, toute personne dont les possibilités d'acquérir, ou de conserver un emploi sont effectivement réduites par suite d'une insuffisance ou d'une diminution de ses capacités physiques ou mentales. »

2. Les Jeux Paralympiques de Rome ont accueilli 400 athlètes issus de 23 pays. Progressivement le nombre de pays et d'athlètes participants a augmenté pour atteindre lors des jeux Paralympiques de Pékin le regroupement de 4000 athlètes représentant 148 pays.

Cette catégorisation est en outre associée à une organisation hiérarchique dans laquelle les performances du circuit paralympique sont, à cette époque, objectivement inférieures à celles du circuit olympique. Ainsi un ordre symbolique hiérarchique est construit, dans lequel la reconnaissance de la légitimité sportive des personnes présentant des déficiences est assurée par un positionnement relatif vis-à-vis des athlètes dits « valides »[1]. Mais à partir des années 1980, des cas individuels vont venir déstabiliser cette organisation catégorielle.

Dès 1984, Neroli Fairhall, athlète paralympique néo-zélandaise, paraplégique, a été la première athlète paralympique en fauteuil roulant à participer aux Jeux Olympiques. Lors des Jeux de Los Angeles, elle obtient une 35e place en tir à l'arc. Avec elle se concrétise, pour la première fois pour un athlète, un « passage » des Jeux Paralympiques (elle a participé auparavant aux J.P. de Heidelberg en 1972, puis aux J.P. d'Arnhem en 1980) aux Jeux Olympiques. Suite à cette participation olympique elle rejoindra à nouveau le circuit paralympique en 1988 pour les Jeux Paralympiques de Séoul, et en 2000 pour ceux de Sydney. Ces participations successives aux deux types d'évènements mettent en évidence que la catégorisation « handicapé / valide » n'est pas seulement déterminée, à ce moment là dans l'organisation sportive, par l'atteinte

---

1. En effet, comme l'explicite Mary Douglas « Les institutions accomplissent les mêmes tâches que les théories. Elles aussi confèrent leur ressemblance aux objets [et les classifient]. Une fois qu'un schéma théorique a été développé, des éléments qui, au stade préthéorique, avaient un statut incertain, perdent leur ambigüité. Ils trouvent une définition quand leur place normale dans le fonctionnement du système est montrée », M. Douglas, « C'est l'institution qui décrète l'identité », dans *Comment pensent les institutions*, Paris, La Découverte, 2004, p. 94. (éd. originale 1986).

du corps biologique, mais aussi par la performance sportive produite. Un athlète avec une déficience relève donc de la catégorie sportive construite « athlète handicapé » si et seulement si ses performances sportives sont inférieures à celles de la catégorie des « athlètes valides ». Cependant ces deux catégories restent exclusives dans le sens où Neroli Fairhall ne participe pas aux Jeux Paralympiques lorsqu'elle concourt aux Jeux Olympiques et inversement. Cette règle d'exclusivité est cependant implicite, et les différentes évocations de ce cas dans les données regroupées ne font mention d'aucune règle officielle concernant cette exclusivité de participation, ni du sens de cette décision dont on ne peut savoir si elle est celle de l'athlète, ou des organisateurs. En fait, il n'est fait aucun cas de cette exclusivité, ce qui laisse à penser qu'il s'agit d'une « évidence » à cette époque là, d'une « chose naturelle » apparemment partagée aussi bien par les organisateurs que par l'athlète concernée, signe d'un consensus institutionnel.

Par contre, il convient de souligner l'évocation récurrente dans les données d'une anecdote présentée ainsi : « Lorsqu'on lui a demandé si elle pensait que le fait de tirer en position assise lui procurait un quelconque avantage, Neroli répondit : « Je ne sais pas. Je n'ai jamais décoché une flèche autrement qu'assise » [1]. Ce questionnement qui associe la position assise dans le fauteuil roulant et la notion d'« avantage » sportif dès 1982 est très utile pour notre réflexion. On notera qu'il émerge à l'occasion d'une

---

1. Cette anecdote est associée à sa première victoire dans une compétition internationale valide en 1982, les 12 [e] jeux du Commonwealth dans lesquels elle remporte la médaille d'or, voir l'article « Les 12 [e] Jeux du Commonwealth », *Revue Olympique*, n°182, 1982, p. 763. Elle est reprise dans différentes présentations sommaires de l'athlète, dans des documents institutionnels

victoire sur les valides inattendue de la part d'une athlète qui utilise un dispositif matériel spécifique, le fauteuil roulant, dans la production de sa performance sportive. Il est également intéressant de noter que si cette anecdote est reprise, elle n'est pourtant jamais commentée, ou encore discutée sur le fond dans les sources ici travaillées.

Le principe de fonctionnement catégoriel exclusif va se trouver confirmé quelques années plus tard par le cas de Marla Runyan, coureuse américaine malvoyante, quadruple médaillée d'or des Jeux Paralympiques de Barcelone en 1992 (100 m, 200 m, 400 m et saut en hauteur) et médaillée d'or aux Jeux Paralympiques d'Atlanta (1996) en Heptathlon. Lors de l'olympiade suivante, ayant rempli les exigences des minimas de temps pour les Jeux Olympiques de Sydney, en 2000, elle a été la première athlète malvoyante paralympique à concourir aux Jeux Olympiques et y a obtenu la 8 e place lors de la finale du 1500 m féminin. Elle a ensuite été sélectionnée encore une fois aux Jeux Olympiques à Athènes en 2004, en 5000 m, avant de mettre fin à sa carrière sportive. Comme Neroli Fairhall, elle a « changé » de catégorie sportive dès lors que sa performance a rejoint celles des « athlètes valides ».

A partir du cas de ces deux athlètes, on comprend comment le passage d'une catégorie à l'autre pour des athlètes avec une déficience permettait de maintenir l'organisation hiérarchique de la classification : lorsqu'un athlète paralympique est aussi performant que les athlètes olympiques, il devient athlète olympique et n'est plus athlète paralympique (principe d'exclu- sivité taxinomique). C'est ce que Karen De Pauw [1]

---

1. K.P. De Pauw, « The (in)visibility of disability : cultural contexts and "sporting bodies" », *Quest*, 49, 1997, p. 416-430.

a interprété comme un « effacement » du handicap, dans le sens où ce « passage » générait une certaine invisibilité du handicap, évoqué de façon anecdotique et périphérique. On peut dire ici que l'institution olympique se dégage d'une définition strictement médicale du handicap (un sportif avec une déficience est un « sportif handicapé ») pour adopter une définition relative du handicap (un sportif avec une déficience est un « sportif handicapé » si et seulement si ses performances sont moindres que celles des sportifs sans déficience, sinon c'est un « sportif valide »). Ce choix, qui effectivement « gomme » le handicap, permet de maintenir au sein du système l'organisation hiérarchique des catégories instituées et affichées de « sportif handicapé » et « sportif valide »[1].

Mais lors de ces mêmes Jeux Olympiques de Sydney, où Marla Runyan court la finale du 1500 m féminin, Terence Parkin, un jeune nageur sourd Sud-Africain, gagne la médaille d'argent du 200 m brasse. Son cas mérite une attention spécifique et ce pour deux raisons majeures. Tout d'abord, en tant que sourd, il n'est pas athlète paralympique mais athlète aux Deaflympics. En effet, le mouvement sportif des sourds (appelé aussi « sport silencieux ») est toujours resté à distance du mouvement paralympique, et organise de façon séparée ses propres olympiades, dans un calendrier décalé du calendrier olympique et paralympique et ce depuis le début du

---

1. Il convient de préciser que ce mode de fonctionnement n'est pas règlementé officiellement, mais déterminé par la logique d'inscription des athlètes, dont on peut penser qu'ils font eux-mêmes le choix de cette partition entre les deux évènements, choix qui ne soulève aucune réaction officielle de l'institution sportive. Il s'agit donc d'un consensus implicite.

XX e siècle [1]. Ensuite, Terence Parkin concourt alternativement aux Deaflympics et aux Jeux Olympiques. Après avoir remporté 5 médailles d'or aux Deaflympics de Copenhague en 1997, il devient médaillé d'argent aux Jeux Olympiques de Sydney, puis remporte à nouveau 5 médailles d'or aux Deaflympics de Rome en 2001, puis est à nouveau sélectionné pour les Jeux Olympiques d'Athènes en 2004, et va ensuite remporter 13 médailles aux Deaflympics de Melbourne en 2005. Tout se passe ici comme si ce nageur était considéré par les instances sportives comme pouvant être à la fois « athlète handicapé » et « athlète valide ». En effet, son haut niveau de performance, celui-là même qui le fait passer dans la catégorie « athlète valide », ne semble pas lui interdire de continuer à concourir dans le même temps dans le circuit des « athlètes handicapés ». Nous pouvons donc avancer que le cas de Terence Parkin remet en cause radicalement la catégorisation instituée, et l'exclusivité catégorielle afférente. En outre, cet athlète a bénéficié pour sa participation aux Jeux Olympiques de la mise en place par l'organisation olympique d'un départ au flash, dispositif visuel essentiel pour lui qui n'entend pas le starter. C'est la première fois que l'organisation olympique développe un tel aménagement technologique en prenant en compte la déficience d'un athlète. Ainsi le cas de Terence Parkin peut être considéré comme le signe concret d'une rupture forte dans les façons d'appréhender

---

1. Pour plus de précision sur cette histoire du « sport silencieux », voir D. Séguillon, *De la gymnastique Amorosienne au sport silencieux : le corps du jeune sourd entre orthopédie et intégration, ou l'histoire d'une éducation « à corps et à cri »*, Thèse de Doctorat, Université de Bordeaux, 1998, et A. Marcellini *et al*, « D'une minorité à l'autre... Pratique sportive, visibilité et intégration sociale de groupes stigmatisés », *Revue Loisir & Société, Society and Leisure*, 23 (1), 2000, p. 251-272.

les athlètes avec des déficiences dans le sport de haut niveau. Non seulement l'organisation olympique accepte de fait ici officiellement le passage d'un mode de fonctionnement basé sur une appartenance catégorielle exclusive à un fonctionnement autorisant la double appartenance catégorielle, mais en outre elle adopte le principe de la compensation du handicap par un aménagement environnemental[1]. Cet aménagement est d'ailleurs l'objet de remarques, éphémères, concernant l'avantage que pourrait représenter pour Terence Parkin le flash lumineux, suspecté de permettre un départ plus rapide que le signal auditif. Mais ce flash lumineux étant perceptible par tous les concurrents, l'amorce de controverse n'eut pas de suites.

Cette fin de l'exclusivité catégorielle entre « sportif handicapé » et « sportif valide » dans l'organisation du sport de haut niveau va être confirmée en 2008 aux Jeux de Pékin, où deux athlètes vont concourir aux Jeux Paralympiques et aux Jeux Olympiques lors de la même olympiade. Nathalie Du Toit, nageuse Sud-Africaine née en 1984, et amputée d'une jambe au niveau du genou, avait gagné 5 médailles d'or et une d'argent aux Jeux

---

1. Si c'est la première fois au niveau de l'évènement olympique, des aménagements de règlements ont déjà été mis en place dans les niveaux inférieurs de la compétition sportive depuis les années 1990. En France, par exemple, la Fédération Nationale de Natation est amenée à prendre en 1997 un amendement, dit « Amendement Huchet » permettant l'homologation officielle des courses des nageurs porteurs de déficiences dans des conditions de règlement particulières au sein des épreuves compétitives organisées par la FFN. Cet amendement fait suite à la disqualification très commentée en 1996 de Christophe Huchet, nageur spécialiste de brasse et n'ayant qu'un seul avant bras, disqualifié pour n'avoir pas touché le mur des deux mains comme l'impose le règlement de la brasse. (voir l'article de F. Koch, « Champion d'un seul bras », *Journal l'Express*, 24 avril 1997.)

Paralympiques d'Athènes en 2004. En 2008, à Pékin, elle se classe 16ᵉ lors de l'épreuve du 10 km en eau libre lors des Jeux Olympiques et remporte 5 médailles d'or aux Jeux Paralympiques. De la même manière Natalia Partyka, pongiste polonaise amputée d'un avant-bras, médaillée d'or aux Jeux Paralympiques d'Athènes, s'est sélectionnée pour les Jeux Olympiques de Pékin en tennis de table par équipes, puis a concouru aux Jeux Paralympiques pour y gagner la médaille d'or. Il est remarquable que ces doubles participations soient parfois non relevées ou alors saluées de façon enthousiaste par la presse sans que le sens de celles-ci ne soit jamais questionné. Il convient également de noter que ces participations olympiques ne nécessitent aucun aménagement environnemental ou règlementaire, pas plus que l'utilisation d'un appareillage du corps.

On comprend à partir de cette première analyse historique que l'institution olympique a depuis fort longtemps appréhendé la participation sportive d'athlètes présentant des déficiences comme recevable, voire souhaitable. Elle l'a organisée en construisant tout d'abord, puis en modifiant progressivement la définition de la catégorie du « sportif handicapé » et ses relations à l'égard de celle de « sportif valide », pour assurer un ordonnancement catégoriel cohérent avec la logique sportive de mise en ordre hiérarchique de ces deux catégories. Elle présente en outre, depuis peu, une organisation dans laquelle la double participation simultanée aux Jeux Paralympiques et Olympiques se réalise, signe de l'acceptation d'une double appartenance catégorielle de quelques cas exceptionnels d'athlètes qui peuvent être à la fois « athlètes paralympiques » et « athlètes olympiques ». Cette situation, pourtant très récente, n'est ni explicitée ni discutée par les instances sportives. Elle s'est mise en place sans donner lieu à règlementation, de la même manière que l'exclusivité préalablement observée ne s'appuyait sur aucune règle officielle, et sans remarques ou discussions au sein de l'institution ou dans la presse. Tout se passe donc comme si en quelques années, le basculement se situant en 2000 lors des Jeux de Sydney, on était passé d'un consensus sur l'exclusivité catégorielle des « sportifs handicapés » et des « sportifs valides », à un consensus collectif sur la possibilité pour un même athlète d'appartenir aux deux catégories simultanément.

Mais le « cas » d'Oscar Pistorius semble devoir être distingué radicalement de celui des athlètes présentés préalablement. En effet, les instances sportives internationales, jusque là habituellement silencieuses au regard des « passages » et des « doubles participations » comme nous venons de le montrer, vont ici se manifester rapidement. L'étude de « l'embarras » des différentes organisations sportives face à la demande d'Oscar Pistorius de concourir pour une place d'« athlète olympique », de la façon dont celles-ci ont traité sa demande, et des débats qui ont accompagnés les exploits successifs de cet athlète depuis les Jeux Paralympiques de 2004 méritent une description approfondie. Celle-ci va nous permettre de mettre à jour la singularité essentielle de son cas et de comprendre les enjeux symboliques associés aux différentes décisions qui vont être prises à son égard. Cette analyse nous permettra ensuite de mieux saisir la place que prend l'institution sportive dans les interrogations sociétales actuelles concernant les « frontières de l'humain ».

UNE CONTROVERSE « À TIROIRS » : DE LA QUESTION
DE « L'ÉQUITÉ DANS LA COURSE » À LA DÉSIGNATION
DE « DOPÉ TECHNOLOGIQUE »

Il convient donc de faire maintenant l'exploration
approfondie de l'histoire du cas Pistorius pour prendre la
mesure du problème spécifique qu'il pose à l'institution
olympique. Nous étudierons donc ici successivement la
polémique initiale à propos de Pistorius survenue lors des
Jeux Paralympiques de 2004, puis la longue controverse
autour de sa demande de participation au circuit des
compétitions « valides ».

*Première polémique interne aux Jeux Paralympiques
d'Athènes (2004) autour du « cas Pistorius » : un débat avorté*

Un épisode initial de la polémique autour d'Oscar
Pistorius advient lors de la première participation aux Jeux
Paralympiques de cet athlète, lors des Jeux d'Athènes, en
2004. Le jeune athlète, alors âgé de 17 ans [1], gagne contre
toute attente la médaille d'or du 200 m et la médaille de
bronze du 100 m face à des adversaires aguerris et en outre
simples amputés tibiaux (catégorie paralympique T43),
alors qu'il est lui double amputé tibial (catégorie
paralympique T44). Cette irruption soudaine, associée à
une performance inédite pour un coureur double amputé
tibial est commentée et discutée dans le monde du sport
paralympique. C'est Marlon Shirley, star de l'athlétisme
paralympique (T43), détrôné par Pistorius, qui lance la
polémique reprise ensuite dans le journal Libération [2] :

1. Il pratique alors l'athlétisme depuis seulement 8 mois, mais en
ayant été auparavant joueur de water-polo, tennisman, lutteur et rugbyman.
2. V. Hirsch et C. Mathiot, « L'athlète sans les jambes », *Libération*,
3 juillet 2007.

« La taille de ses prothèses augmenterait celle de ses foulées. Ce procès a été instruit par le monde handisport lui-même, dès 2004. Là où l'appareillage de ses adversaires « simples amputés » ne peut dépasser en taille la jambe valide, Pistorius est accusé d'avoir profité de sa double amputation pour se grandir artificiellement. L'Américain Marlon Shirley, qui était avant Pistorius la superstar du handisport est devenu le principal détracteur de son successeur : « Pistorius veut courir en 20" ? On verra courir un mec de 2 m en 20". C'est cool. Mais ce n'est pas du sport, c'est du spectacle. Je ne suis pas sûr qu'il serve le handisport » lâcha-t-il un jour.

Dominique André, athlète français, simple amputé tibial et finaliste paralympique face à Pistorius adopte la même posture dans ses déclarations à la presse : « Il [Pistorius] est amputé bilatéralement très bas, ce qui lui permet d'agrandir artificiellement ses membres inférieurs. Ceux qui ont une jambe valide sont contraints d'ajuster leur prothèse à la même hauteur. » [1].

Cette première remise en cause de la légitimité sportive d'Oscar Pistorius, et donc de la validité sportive de ses performances repose sur une nouveauté paradoxale et essentielle qui est l'obtention d'une victoire du plus déficient (double amputé) sur des moins déficients (simples amputés). Cette réalité, comme renversement de l'ordre institué au sein même du sport paralympique, est déjà jugée illégitime par ses concurrents, à partir d'un argument reposant sur une « falsification technique » désignant l'appareillage comme cause de ce renversement.

---

1. P. Jolly, « Oscar Pistorius veut défier avec ses prothèses, les athlètes valides », *Le Monde*, 30 juin 2007.

Mais ces récriminations à l'égard de Pistorius, pourtant transmises au Comité International Paralympique, ne donneront lieu à aucune action ou réaction officielle de l'organisation, laissant en suspens la question.

Hésitations et interrogations des instances sportives face au « cas » Pistorius : de la stupéfaction à l'exclusion

Lorsqu'il évoque, en 2004, son projet de participation aux compétitions d'athlétisme des « valides », sa situation est encore celle d'un jeune athlète dont les performances n'ont pas encore dépassé celles des athlètes valides. Il va commencer par concourir avec les valides dans son pays, et dès 2007, il finit second du 400 m des championnats d'athlétisme d'Afrique du Sud. Il est présenté dans la presse française comme un jeune homme ne se percevant pas comme « handicapé » tant les significations d'« incapacité » et de « désavantage » associées à ces termes lui sont étrangères : « Il dit avoir grandi sans jamais qu'on lui rappelle qu'il était handicapé. Et il a d'ailleurs coutume de dire qu'il ne l'est pas. « C'est vrai, je n'ai pas de jambes, mais je peux faire beaucoup de choses que vous-même ne pouvez pas faire », déclare-t-il à Libération, qui l'a joint par téléphone. »[1]

Il formule alors une requête pour accéder aux compétitions internationales d'athlétisme. Sa demande est acceptée, dans un premier temps, par la Fédération Internationale d'Athlétisme (IAAF[2]), et dans le même temps une réflexion est entamée par celle-ci pour savoir comment gérer cette situation dans les années à venir. La presse relaie cette position incertaine de la Fédération

---

1. V. Hirsch, C. Mathiot, « L'athlète sans les jambes », art. cit.
2. International Athletic Associations Federation.

Internationale : « Par l'entremise d'Elio Locatelli, ancien entraîneur, docteur en physiologie et directeur du développement à l'IAAF, l'instance internationale, qui a provisoirement confirmé le droit de Pistorius à concourir avec les valides, procède à des tests sur l'athlète et ses prothèses »[1]. Le directeur de la communication de l'IAAF est présenté dans la presse dans une posture d'apaisement de la controverse, qui s'appuie sur l'empathie, la proximité, la collaboration avec l'athlète et le recours à la science, dont on attend qu'elle tranche objectivement : « Il ne s'agit pas d'une bataille. Le rêve de Jeux Olympiques d'Oscar est compréhensible, mais en l'absence de précédent, nous faisons des études afin de nous assurer que ses prothèses ne lui procurent pas un avantage, et il y contribue »[2].

Mais l'augmentation rapide des performances d'Oscar Pistorius va créer la surprise et emballer la polémique : terminant second lors du Golden Gala d'athlétisme de Rome le 13 juillet 2007, il laisse derrière lui les meilleurs coureurs mondiaux de 400 m.

Les dirigeants de l'IAAF cherchent alors à comprendre et à expliquer ce renversement hiérarchique avec leurs références propres : celles de la science positive, de la mesure, du droit du sport, et de l'éthique sportive. La course de Pistorius à Rome a été filmée par une équipe de l'Institut des sciences du sport du Comité Olympique italien, et ce travail était supervisé par Elio Locatelli (IAAF).

Mais le ton monte et la presse, dès le 15 juillet 2007, publie une réaction vive d'Oscar Pistorius et de son entraîneur : « Nick Davies, porte parole de l'IAAF, a expliqué au Monde qu'il s'agissait de recherches menées

---

1. *Ibid.*
2. *Ibid.*

conjointement avec l'athlète. Le tandem Sud-Africain dément : "Ils font leurs recherches dans leur coin sur on ne sait même pas quoi, dit Pistorius. La position qu'ils ont prise est offensante et discriminatoire » [1].

Devant la montée de la tension, le démenti de la collaboration et le glissement du débat provoqué par Pistorius vers la question de la discrimination, l'IAAF va confier à une institution scientifique indépendante de l'IAAF, l'analyse de cette performance singulière et inédite, ré-affirmant ainsi que la teneur du débat porte bien sur la question de la validation scientifique de l'équité ou de l'inéquité « sportive ».

L'IAAF mandate alors un expert en biomécanique, Gert-Peter Brüggemann, Professeur de l'Institut de biomécanique de l'Université de Cologne, chargé de mener une étude permettant de répondre à la question de l'existence d'un « avantage » éventuel d'Oscar Pistorius muni de ses prothèses par rapport aux meilleurs athlètes mondiaux « valides ». La mesure semble sans appel, et le rapport scientifique conclut à un avantage « mécanique » de plus de 30% pour un athlète utilisant ces prothèses par rapport à un athlète sans prothèses. Le chercheur laisse en outre entendre que Pistorius peut encore améliorer ses performances, puisqu'il court déjà à la même vitesse que ses concurrents valides avec un coût énergétique plus faible de 25% [2]. Du point de vue de la mesure biomécanique et physiologique, le dossier semble donc clos.

---

1. P. Jolly, « Débuts remarqués pour Oscar Pistorius parmi les valides », *Le Monde*, 15 juillet 2007.
2. Pour plus d'informations sur cette mesure, voir la lettre officielle de l'IAAF, en ligne au : http://www.iaaf.org/news/printer, newsid= 42896. htmx

L'IAAF, s'appuyant sur sa règle 144.2 établie en mars 2007 (qui interdit l'utilisation de tout dispositif technique incluant des ressorts, des rouages, ou tout autre élément qui confère un avantage à un athlète par rapport à celui qui n'en utilise pas), conclut que les prothèses « Cheetah » doivent être considérées comme « une aide technique avantageuse » et qu'en conséquence, Oscar Pistorius ne sera plus autorisé à participer aux compétitions régies par les règles de l'IAAF[1]. Cette décision est rendue officielle le 14 janvier 2008.

Le 15 janvier 2008, la presse relaie cette information en affichant « l'interdit » en premier lieu : « Oscar Pistorius interdit de JO » (Libération), « Le « coureur sans jambes » interdit de JO » (Le Figaro). Le Monde ne s'en fera l'écho que dans sa version en ligne[2] : « L'athlète amputé Oscar Pistorius ne pourra pas participer aux JO de Pékin avec les valides ». La presse souligne le caractère scientifique des données sur lesquelles s'appuie la décision (« étude scientifique indépendante », « expert », « trois méthodes différentes », « Université du sport de Cologne », « professeur »), et met en scène la réception de celle-ci par l'athlète. Ce dernier « rêvait de participer aux JO », L'IAAF a « refusé au jeune homme la possibilité de courir », et celui-ci a exprimé « sa volonté de contester « par tous les moyens » la décision », « [Il] conteste la décision et fera appel », « [Il] est très déçu par cette décision ».

Les prothèses de course utilisées par Pistorius sont alors évoquées de façon nouvelle dans la presse : « lames » en carbone, « échasses » en fibre de carbone, « aide technique », les « Cheetah, guépard en français ». L'évidence

1. Voir la déclaration officielle de l'IAAF disponible sur le site : http://www.iaaf.org/news/printer, newsid=42896.htmx
2. Le Monde.fr, en ligne, 14 janvier 2009.

selon laquelle une prothèse est par définition une aide technique n'en est une que dans le monde du handicap et de la rééducation fonctionnelle. Dans le monde sportif, une « aide technique » est désormais définie plus précisément comme « un dispositif technique qui confère un avantage à un athlète par rapport à celui qui ne l'utilise pas », et est donc interdite à ce titre.

Ainsi, à partir de cette décision de l'IAAF de janvier 2008, la controverse prend un nouveau ton. Pistorius, exclu du circuit sportif international des « valides », va engager un recours auprès des instances sportives internationales et organiser sa défense. Dans le même temps, les débats dans la presse vont se dégager de la posture préalable d'attente de la décision de l'IAAF, pour afficher des positions plus argumentées et radicales, et une part de la communauté des chercheurs (biomécanique, médecine du sport, disability studies, bioéthique, philosophie et sociologie en particulier) va s'engager dans le débat.

De la catégorie du « sportif handicapé » à celle du « sportif exclu » : le recours au jugement du Tribunal Arbitral du Sport

Pistorius, exclu, va se tourner vers l'instance internationale de gestion des conflits sportifs qu'est le Tribunal Arbitral du Sport qui reçoit sa requête officielle le 20 février 2008. Le Tribunal Arbitral du Sport (TAS) est une structure indépendante au service du sport international créée en 1984. Il est apte à trancher tous les litiges juridiques ayant un lien avec le sport et est placé sous l'autorité du Conseil International de l'Arbitrage en matière de Sport (CIAS) [1]. Suite à la requête de Pistorius, le TAS

---

1. Le TAS compte près de 300 arbitres spécialistes de droit du sport et issus de plus de 80 pays différents.

formule de façon synthétique quatre points sur lesquels l'athlète sollicite un jugement[1] : « Est-ce que le conseil de l'IAAF a dépassé ses droits en prenant la décision d'exclusion de Pistorius ? Est-ce que le processus qui a mené à la décision de l'IAAF est fragile ou défaillant du point de vue de la procédure suivie ? Est-ce que la décision de l'IAAF est illégale car discriminatoire ? Est-ce que la décision de l'IAAF est fausse lorsqu'elle considère que l'usage du matériel Cheetah Flexfoot par M. Pistorius est contraire à la règle 144.2 ? ».

L'exclusion sportive comme discrimination à l'égard des personnes handicapées ?

On l'a vu précédemment, c'est Oscar Pistorius et son entourage qui introduisent l'idée de la discrimination dans le débat des médias sur la participation sportive de l'athlète. Dans le recours déposé auprès du TAS, la demande de jugement au regard d'un acte de discrimination réapparaît. Cette orientation de la controverse sur l'accusation de discrimination est liée au positionnement d'Oscar Pistorius qui présente son exclusion comme une décision de l'IAAF qui dénie ses droits fondamentaux, en l'occurrence celui d'un accès égal aux principes et valeurs de l'Olympisme.

Cette question va susciter des réactions dans le courant de recherche des « disability studies » qui va s'exprimer suite à l'exclusion sportive d'Oscar Pistorius. En mars 2008, la revue *Disability and Society* publie un article intitulé « La peur des Cyborgs : Oscar Pistorius et les

---

1. Voir le rapport final du TAS (page 9), disponible en ligne à l'adresse suivante : http://www.tas-cas.org/d2wfiles/document/1085/ 5048/0/ amended%20final%20award.pdf

limites de ce que signifie être humain »[1]. Un mois plus tard, Gregor Wolbring publie un article intitulé « Oscar Pistorius et la future nature des sports Olympiques, Paralympiques et autres »[2]. Ces travaux soulignent le fait que les personnes handicapées ont souvent été remises en cause dans leur humanité même, voire victimes d'un déni d'humanité, et que cette stigmatisation est toujours présente. Ils insistent ensuite sur le développement des technologies réparatrices du corps, en mettant en avant les questions que cela pose sur la nature de l'humanité et les limites de celle-ci, et considèrent que le débat n'est donc pas seulement un débat technique et sportif, mais un débat qui doit prendre en compte les nouvelles possibilités de transformations technologiques du corps et les angoisses collectives suscitées par celles-ci avant d'exclure ainsi un athlète « appareillé ».

Cette thématique de la discrimination et du déni d'humanité sera en outre renforcée par une publicité de la firme Nike dans laquelle Oscar Pistorius est mis en scène sur un fond noir, campé sur ses deux prothèses de course, dans une combinaison moulante et futuriste accompagné d'un discours à la première personne dans laquelle il s'auto-définit comme « chose » : « Je suis né sans os sous les genoux ; Je mesure seulement 1m57 ; Mais c'est le corps qui m'a été donné ; C'est mon arme ; C'est ainsi que je conquiers, que je mène ma guerre ; C'est ainsi que j'ai battu le record du monde 49 fois ; C'est ainsi que je deviens la chose la plus rapide sans jambes ; C'est mon arme ; C'est ainsi que je me bats ».

---

1. L. Swartz, B. Watermeyer, « Cyborg anxiety : Oscar Pistorius and the boundaries of what it means to be human », *Disability and society*, 23(2), 2008, p. 187-190.

2. G. Wolbring, « Oscar Pistorius and the future nature of Olympic, Paralympic and others sports », *Scripted*, 5 (1), 2008, p. 139-160.

Mais le Tribunal Arbitral du Sport récuse l'accusation de « discrimination » à l'encontre de l'IAAF qu'Oscar Pistorius a mis en avant, en répondant que La Convention des Droits des Personnes Handicapées implique « de permettre aux personnes handicapées de participer sur une base équitable [equal basis] aux activités sportives » et que « c'est précisément la réponse que doit donner le TAS : est ce que oui ou non M. Pistorius concourt sur une base équitable avec les athlètes n'utilisant pas les prothèses Cheetah Flex Foot »[1].

Ainsi, le TAS, comme l'IAAF, recentre et limite le débat sur la question « technique » de l'avantage relatif que pourrait procurer les prothèses dans la production de la performance sportive, évacuant ainsi les questions éthiques et politiques relatives à la dimension discriminatoire de l'exclusion.

L'exclusion sportive pour cause de « dopage technologique »

L'exclusion de Pistorius est donc justifiée par le fait que pour la Fédération Internationale d'Athlétisme, une « aide technique » est un type particulier d'aide ergogénique qui est susceptible de procurer à son utilisateur un avantage sur les athlètes ne l'utilisant pas. L'IAAF reste prudente et ne parle que « d'avantage procuré par les prothèses » en référence à cette règle 144.2.

Mais les associations entre « aide technique » et « dopage » sont rapidement faites dans la presse au travers des termes de « cyberdopés »[2], ou par des athlètes inter-

---

1. Voir rapport officiel du TAS, p. 13.
2. V. Hirsch et C. Mathiot, « L'athlète sans les jambes », art. cit.

viewés [1], ou encore dans les articles scientifiques sous le terme anglais « technodoping ».

Le code du sport formule en effet ainsi la définition de ce qui est considéré comme du dopage [2] : « Est considéré comme dopage l'utilisation de substances ou de procédés de nature à modifier artificiellement les capacités d'un sportif ou à masquer l'emploi de substances ou procédés ayant cette propriété ».

D'après cette définition, l'aide technique (qui confère un avantage à un athlète par rapport à celui qui n'en utilise pas), qui par essence, est un procédé qui modifie « artificiellement » les capacités du sportif déficient appareillé sera logiquement considérée comme « dopage ».

Ainsi, Pistorius, assigné désormais au statut d'athlète « dopé technologiquement », va lui-même solliciter une contre-expertise scientifique qui sera présentée au Tribunal Arbitral du Sport, et dont l'objectif majeur sera de tenter de remettre en question « l'avantage » qui lui serait conféré par ses prothèses, c'est-à-dire le caractère « dopant » de celles-ci. En effet, tout se présente, en apparence, comme si le critère déterminant de son acceptation dans la catégorie des « sportifs valides » était le caractère « avantageux » ou non de son appareillage.

Cette association à la question du dopage doit être ici approfondie tant les débats permanents sur le dopage sportif mêlent différents niveaux de discours, discours sur l'équité sportive, mais aussi discours sur la santé ou encore sur la

1. Dans l'article « Oscar Pistorius veut défier, avec ses prothèses les athlètes valides » du 30 juin 2007 dans Le Monde, un athlète paralympique est ainsi cité : « Il [Pistorius] est passé de 49 secondes et quelques à 46 secondes 56 centièmes en moins de trois ans. Si un valide réalisait une telle performance, on dirait qu'il est dopé ».
2. Loi n°2006 405 du 5 avril 2006 codifiée dans le livre II (titre III), Code du sport.

« pureté ». Situer le débat concernant Oscar Pistorius et les aides techniques dans le débat global sur le dopage sportif va permettre de bien saisir en quoi la catégorie du « dopage » fait sens dans la rationalité du monde sportif face au cas Pistorius.

L'entremêlement des discours scientifiques, idéologiques, économiques et politiques se présente comme une des caractéristiques majeures des analyses du phénomène du dopage sportif. Dans une perspective sociologique, ce phénomène peut être envisagé comme production sociale spécifique, en constatant que l'interdiction d'usages de produits ou de « procédés » dopants dans le sport de compétition se présente aujourd'hui comme une règle qui s'oppose à l'idéologie dominante des sociétés modernes. A ce titre elle peut être considérée comme une injonction paradoxale [1] qui constitue un mécanisme de défense de celles-ci contre les angoisses suscitées par l'hyper-développement de la valeur de performance, de la technoscience (en particulier des biotechnologies), de l'individualisme et leurs effets pervers [2]. Le sport serait ainsi le seul lieu d'interdiction de l'utilisation de certaines pratiques ergogéniques parce qu'il serait retenu comme espace utopique de préservation d'une vision idéalisée du social marquée par la cohabitation harmonieuse des valeurs de performance, de technologie, de progrès et de celles de santé, de naturalité, d'équité, de solidarité, de fraternité, d'éthique et d'humanité.

1. Voir à ce sujet : C. Louveau, M. Augustini, P. Duret, P. Irlinger, A. Marcellini, *Dopage et performance sportive. Analyse d'une pratique prohibée*, Paris, Insep, 1995.

2. J. Habermas, *La technique et la science comme idéologie*, Paris, Gallimard, 1973 ; P.A. Taguieff, *Du progrès. Biographie d'une utopie moderne*, Paris, Librio, 2001 ; A. Erhenberg, *La fatigue d'être soi. Dépression et société*, Paris, Odile Jacob, 2000.

Dans ce contexte, la lutte anti-dopage et les discours qui l'accompagnent apparaissent comme une volonté de maintenir la pureté de cette utopie en érigeant autour de celle-ci un mur de réglementations pour tenter de la défendre contre la propagation d'une « épidémie ergogénique » déjà incontrôlée au dehors.

Le cas de Pistorius touche en outre particulièrement une dimension singulière de la définition du dopage, non explicite officiellement, mais mise en avant par les athlètes eux-mêmes : celle de l'identité. En effet, l'étude des représentations et des définitions du « vrai dopage » chez les athlètes de haut niveau a montré que pour ces derniers existait une distinction fondamentale entre des procédures de dopage perçues comme remettant en cause l'identité biologique du sportif (c'est le « vrai dopage »), et celles qui ne l'affecteraient pas [1]. L'analyse des positionnements éthiques des athlètes montre comment les définitions du « vrai » dopage, celui qui est condamnable de leur point de vue, sont étroitement liées à la définition même du champion qui est tout d'abord « celui qui a les qualités », « qui a un don », « qui est prédisposé ». Ainsi, le champion est, par essence, un être « doué », c'est-à-dire doté d'aptitudes supérieures à la moyenne : le don c'est le naturel, le biologique, l'héréditaire, le génétique. Mais c'est aussi, dans ce système de représentations, l'environnement « naturel » de vie qui peut donner les « qualités naturelles » de l'individu, comme lorsque la vie en altitude

1. A. Marcellini, E. de Léséleuc, S. Ferez, E. Le-Germain, C. Garcia, « Corps sportif et dopage : le risque d'altération de l'identité », *Revue Ethique Publique, Revue internationale d'éthique sociale et gouvernementale, L'éthique du sport en débat,* 7 (2), 2005, p. 38-46.

et la course quotidienne sont associées aux qualités
« naturelles » des coureurs éthiopiens [1].

Le « vrai dopage », dès lors, est celui qui falsifie l'être,
son identité première, qui modifie l'humain dans son
identité biologique « naturelle », et qui de ce fait ruine
totalement le projet de mise en ordre hiérarchique de la
valeur « naturelle » des hommes.

Cette dimension de la « naturalité » essentielle du
champion est également invoquée par le Dr Giuseppe
Lippi, spécialiste de Biochimie clinique et d'hématologie
et spécialiste du dopage de l'Université de Verone, dans
un article publié en mars 2008, au cœur de la controverse,
et intitulé : « Pistorius inéligible pour les Jeux Olympiques :
la bonne décision ». Pour cet auteur « Les performances
athlétiques (et les champions) sont fortement déterminés
génétiquement et les gènes sont le produit de la sélection
naturelle. La technologie est une grande aide et l'opportunité
la plus grande pour dépasser les handicaps dans la vie
quotidienne. Mais elle n'a rien à faire dans les compétitions
sportives traditionnelles, même si le « devenir cyborg »
[cyborgization] tente de remplacer le schème d'évolution
propre de la nature » [2].

C'est précisément le caractère « d'hybride technologique » de Pistorius qui est mis en cause ici, celui-ci
perturbant gravement la logique sportive de comparaison
et d'ordonnancement hiérarchique de la diversité des
capacités humaines naturelles.

1. E. de Léséleuc, A. Marcellini, « Légitimité versus illégitimité du
dopage chez les sportifs de haut-niveau. Comment se définissent les
limitent du non acceptable ? », *Revue STAPS*, 26 (70), 2005, p. 33-47.

2. G. Lippi, C. Mattiuzzi, « Pistorius ineligible for the Olympic
Games : the right decision », *British Journal of Sports Medecine*, 42 (3),
2008, p. 160-161.

Sortir de la catégorie d'« athlète dopé » pour entrer dans celle de « champion » passe donc pour Pistorius par un projet d'administration de la preuve que sa performance sportive est bien imputable à ses « qualités » et non pas à ses prothèses. Pour le dire autrement que sa performance est bien « la sienne » et pas celle du dispositif technique qu'il utilise pour courir.

On peut alors comprendre l'insistance de Pistorius dans la mise en avant de ses « qualités personnelles » : « Ce type de prothèses est utilisé depuis 14 ans par d'autres athlètes qui n'ont jamais réalisé mes performances. C'est la preuve que je dois mes résultats à mon talent et à mon travail »[1].

Pour défendre sa position, Oscar Pistorius implique d'autres chercheurs, américains, dans une contre-expertise qui va mettre en avant, dans une approche globale de sa course, les désavantages liés à l'usage des « lames » de course comme la lenteur au départ et pendant la première phase de course et la difficulté à maîtriser les trajectoires en particulier dans les courbes. Cette contre-expertise en faveur de Pistorius a été réalisée par le Professeur Hugh Herr, directeur du « Groupe de Biomechatronique » du MIT Media Lab, spécialiste des prothèses robotisées et par le Professeur Rodger Kram, du département de physiologie intégrée de l'Université du Colorado, spécialiste de physiologie et de biomécanique appliquées à la locomotion. Ces chercheurs ont rendu au TAS, après recherches, un rapport dit rapport de Houston.

Les conclusions de ces chercheurs vont cependant être très rapidement remises en cause au travers de différentes attaques médiatiques. Le Professeur Hugh Herr s'avère

1. *Libération*, 3 juillet 2007.

être lui-même sportif (escalade), et comme Pistorius, double-amputé tibial appareillé. Il est présenté comme collaborateur et expert de l'entreprise Össur, celle-là même qui produit et vend les prothèses « Cheetah » utilisées par Oscar Pistorius, élément utilisé pour remettre en cause son expertise au regard d'une situation de « conflit d'intérêts ». Si la presse française ici étudiée n'évoque à aucun moment ces remises en cause, c'est Tucker et Dugas qui le 10 mai 2008, au cœur de la controverse, publient dans le journal en ligne « The Science of Sport »[1], un article au titre éloquent « Pistorius et le TAS : une prime au conflit. Combien en coûte-t-il d'acheter un avis scientifique? La science à vendre? ». C'est l'importance des enjeux économiques liés à ce débat autour d'Oscar Pistorius qui est soulevée par cette attaque, impliquant la firme Össur, spécialiste des prothèses de haute technologie et dont le slogan affiché est « Life without limitations ». Le croisement des enjeux sportifs, symboliques, puis économiques dans les débats se fait jour ici.

Dans ce climat tendu, le jugement officiel exposé dans le rapport du TAS souligne que le conflit entre Pistorius et l'IAAF est une affaire « remarquable et possiblement sans précédent ». Il dévoile de nombreux problèmes et irrégularités dans la gestion par l'IAAF de l'expertise scientifique, et dans la diffusion des résultats et divulgue le fait que l'IAAF a donné une réponse officielle négative le 14 janvier 2008 alors même que le vote interne n'avait pas été entièrement réalisé. Il va argumenter sa décision finale sur le fait qu'aucune des deux études scientifiques

---

1. R. Tucker et J. Dugas, « Pistorius and the CAS : incentive clash. How much does it cost to buy a scientific opinion? Science for sale? », *The Science of Sport*, 10 mai 2008.

(celle de Cologne et celle de Houston) « n'a quantifié tous les possibles avantages et désavantages de M. Pistorius dans une course de 400 m ».

Le 16 mai 2008, le tribunal arbitral du sport (TAS) autorise Oscar Pistorius à concourir avec les valides et à participer aux sélections olympiques pour les Jeux Olympiques de Pékin, en précisant que cette décision ne s'applique pas à l'éligibilité d'autres athlètes amputés, et qu'il appartient à l'IAAF d'étudier au cas par cas les demandes, à partir des connaissances scientifiques les plus récentes. De ce fait, cette décision n'est pas appelé à faire jurisprudence, par précaution peut-être, mais surtout au regard de l'incapacité avérée des experts scientifiques à répondre de manière consensuelle et indiscutable à la question posée : « l'usage du matériel Cheetah Flexfoot par M. Pistorius est-il contraire à la règle 144.2 ? ».

Cette contre-décision du TAS est relayée immédiatement par la presse qui met en scène la réaction d'Oscar Pistorius sur un mode émotionnel : « Je suis extatique. J'ai pleuré en apprenant la décision. C'est une bataille qui n'a que trop duré. C'est un grand jour pour le sport. C'est un jour historique pour l'égalité des personnes handicapées »[1].

L'IAAF, de son côté, tente de faire bonne figure devant ce jugement qui a remis en cause sa décision préalable, et c'est Lamine Diack, son président dont on affiche la déclaration dans la presse : « La fédération accepte la décision du TAS, et Oscar sera le bienvenu quel que soit l'endroit où il coure cet été. Il est une source d'inspiration, et nous attendons avec impatience de pouvoir admirer sa réussite dans le futur. »[2].

1. *Le Monde*, 18 mai 2008.
2. *Ibid.*

Extase, pleurs, grand jour, jour historique, inspiration, impatience, admiration, réussite, cette scène médiatique de réconciliation euphorique masque les tensions en coulisse autour de cette décision loin de faire consensus.

LE CAS PISTORIUS COMME DÉLIMITATION DES FRONTIÈRES DE L'HUMAIN POUR L'INSTITUTION SPORTIVE : LE SPECTACLE SPORTIF COMME MISE EN SCÈNE DE L'HOMME FACE À SES LIMITES BIOLOGIQUES

Déficient oui, appareillé non...

Au regard de l'analyse de la situation d'Oscar Pistorius ici développée, il apparaît que son cas pose un problème majeur à l'institution sportive dans son ensemble, au-delà des différentes organisations directement impliquées, dès lors qu'il conjugue de façon inédite deux caractéristiques : la production d'une performance potentiellement supérieure à celle des athlètes valides et le fait que cette performance soit produite avec un appareillage qui remplace une partie de son corps. L'étude des développements de la controverse autour de sa participation sportive montre que le coureur Oscar Pistorius se présente comme un « mixte » problématique : il est à fois humain et machine. Son corps sportif, contrairement aux autres « paralympiens » devenus « olympiens »[1], est une hybridation de l'humain et de la haute technologie, et la question de son « statut » est ainsi posée. En tant qu'hybride technologique, sa participation au circuit sportif des « sportifs handicapés » n'est pas

---

1. En effet, il est essentiel de noter que tous les « athlètes olympiques avec déficiences » que nous avons identifiés concourent « à corps nu », c'est-à-dire qu'aucun d'entre eux n'utilise durant l'épreuve un appareillage quelconque du corps pour compenser le handicap. Il faut souligner cependant la situation particulière de Neroli Fairhall, qui tirait à l'arc assise dans un fauteuil roulant, et qui a été questionnée à cet égard.

questionnée. C'est que dans cet espace social regroupant des sportifs présentant des déficiences diverses et variées, la légitimité de la réparation ou de la meilleure compensation technologique possible de la déficience peut difficilement être remise en cause. En tant que « sportif handicapé », son hybridation technologique est une évidence, il relève de la catégorie T43 « double amputé tibial », et court dans la catégorie T44 « amputé tibial simple » où tous les coureurs utilisent une lame en graphite-carbone[1]. C'est donc la norme de cette catégorie sportive[2] que d'être appareillée.

Par contre le monde sportif « ordinaire », garant d'une égalité théorique de la compétition hésite à le reconnaître comme « sportif » légitime dans cet ordre. Le « mixte » de technologie et d'humain qu'il est, en tant qu'athlète, questionne les catégories sportives instituées : catégories d'âge, de sexe, de poids, ont été déjà prévues. Mais où ranger Pistorius ?

Les longues hésitations des différentes instances sportives impliquées par sa demande, que nous avons détaillées, montrent que Pistorius se présente comme un cas « incasable » pour le droit sportif, qui permet alors de situer les frontières de l'humain dans l'imaginaire institutionnel sportif.

---

1. Ce regroupement catégoriel est organisé au regard du faible nombre d'athlètes doublement amputés.

2. Pour plus d'informations sur les systèmes de classification des athlètes dans le sport paralympique, et sur les modalités de construction de l'équité sportive entre des concurrents présentant des déficiences diverses et variées, voir D.P. Howe et C. Jones, « Classification of disabled athletes : (Dis)empowering the paralympic practise community », *Sociology of sport Journal* 23 (2006), p. 29-46 et A. Marcellini, « Un sport de haut niveau accessible ? Jeux séparés, jeux parallèles, et jeux à handicap », *Revue Reliance* 15 (2005), p. 48-54.

L'athlète avec une déficience, mais concourant « à corps nu » est lui par contre, nous l'avons montré, considéré par l'institution sportive comme légitime. Il présente certes une « anomalie » ou une atteinte du corps biologique, mais peut être considéré comme « pur » biologiquement parlant, il est « naturel ». Que « l'anomalie » soit d'ailleurs une différence du corps biologique considérée comme une « déficience » par rapport à une intégrité organique théorique, ou que celle-ci soit une différence considérée comme une « singularité » biologique avantageuse au regard de la norme (comme la différence de taille du calcanéum de Usain Bolt, censée expliquer ses performances extraordinaires [1]), dans les deux cas, c'est la diversité des réalités biologiques du corps humain et les différences de performance qu'elle génère qui fait sens dans la logique sportive. Par contre l'aide technique, perçue comme transformation artificielle de l'identité biologique du sportif, est associée au dopage et rejetée comme atteinte à l'idéal de juste concurrence des « puretés biologiques » ou des « natures » en jeu dans la compétition sportive.

Le spectacle sportif est, par ricochet, discrédité par le dopage quel qu'il soit, dans la mesure où il produit une falsification du spectacle de la mise en ordre biologique de l'humain. Mais du point de vue du spectacle, le dopage est donc d'autant plus problématique que sa visibilité est directe, donc non discutable. Les dopages pharmacologiques, sanguins, génétiques, ou chirurgicaux (remplacement de tendons ou de ligaments par des matériaux synthétiques par exemple, élargissements artériels etc.) sont plus ou

1. Nous devons à M. Pierre Legreneur, chercheur en biomécanique de l'équipe du CRIS de Lyon, d'avoir attiré notre attention sur le débat scientifique des biomécaniciens du sport au sujet de Usain Bolt, à l'occasion d'un séminaire du CRIS du 8 janvier 2009.

moins décelables, toujours sujets à discussion mais restent invisibles pour le spectateur. En ce sens, ils peuvent être objets de jeux stratégiques, car ils assurent l'augmentation des niveaux de performance tout en pouvant la « faire passer » pour naturelle. C'est pourquoi l'athlète « appareillé » peut être considéré comme l'incarnation majeure d'une exhibition de la perte de sens du spectacle sportif.

Le « conservatisme » de l'institution sportive ?

L'acceptation de la participation des athlètes « hybrides technologiques » dans le spectacle sportif du circuit du sport de haut niveau « valide » est toujours, même après la décision du TAS, extrêmement controversée. Ceux qui la refusent sont qualifiés de « conservateurs » par certains auteurs [1] et stigmatisés à ce titre.

En refusant ce type d'athlètes, l'institution sportive serait en situation de défendre la conservation de quoi ? Que chercherait-elle à maintenir envers et contre la logique dominante de développement bio-technologique ? En effet, si l'on s'appuie sur les travaux classiques d'histoire du sport et des techniques sportives [2], cette résistance à l'intégration dans la compétition sportive de nouvelles techniques et technologies permettant l'optimisation des performances peut sembler tout à fait étonnante. G. Vigarello a en effet bien montré comment la découverte de nouveaux matériaux, et en particulier les fibres assouplissant les perches et les planches, les structures composites

---

1. S. Manjra, « Manufacturing categories : the case of disabled athletes », *Lancet*, 366, 2005, p. 58-59.
2. G. Vigarello, *Une histoire culturelle du sport. Techniques d'hier ... et d'aujourd'hui*, Paris, Éditions Revue EPS-Laffont, 1988.

affermissant les raquettes ou les skis ont bousculé et transformé les motricités sportives, générant dit-il « des nouvelles audaces motrices pour de nouveaux matériaux »[1]. Les lames de courses utilisées par les coureurs amputés participent entièrement de cette analyse. Leur refus n'aurait donc que peu de sens si on le replaçait uniquement dans l'histoire des techniques du sport.

Cependant, Georges Vigarello nous alerte sur un cas singulier « d'ustensile », qu'il qualifie de « proche de l'escroquerie » : une semelle de chaussure de trois à quatre centimètres d'épaisseur, expérimentée par Yuri Stépanov en 1957, lors du saut en hauteur. C'est avec cette semelle dite « semelle tremplin » qu'il bat le record du monde, effaçant 2m16. L'outil se diffuse rapidement chez les autres athlètes, jusqu'à ce que l'IAAF, dès 1958, normalise par un règlement, l'épaisseur des semelles en la limitant à 12,7mm. Un consensus institutionnel rapide semble alors se dégager sur l'illégitimité sportive d'une telle « invention » technique, sans que la justification de la dimension fallacieuse de celle-ci au regard d'autres techniques d'optimisation des performances soit très claire.

Au miroir du cas Pistorius, l'histoire de Stépanov est cependant instructive. Présenté comme utilisant un « tremplin miniaturisé et portatif » pour produire sa performance, sa parenté structurelle avec Pistorius est saisissante. En effet, tous deux « portent » leur « dispositif » sur leur corps, qui est alors, en quelque sorte, une partie d'eux-mêmes en tant que sportif. C'est en effet cette « incorporation » si l'on peut dire, du dispositif technologique qui est systématiquement discutée voire refusée par les instances sportives, rejoignant ainsi la définition proposée

1. *Ibid.*, p. 68.

par les athlètes concernant le « vrai dopage » : l'artifice perçu comme transformant artificiellement l'identité corporelle naturelle du sportif[1]. Il devient alors très intéressant de constater qu'à aucun moment le principe de « normalisation » des prothèses de course n'est évoqué dans les débats. Tout se passe comme si l'organisation sportive ne pouvait ici appliquer la procédure, classique pour elle, de normalisation des matériels aux prothèses, qu'elle range pourtant dans la catégorie des « aides techniques ». Ce paradoxe apparent fait émerger l'existence d'une distinction faite par l'institution sportive entre une aide technique qui se rajoute à un corps intègre (comme la semelle de Stépanov, ou la combinaison de natation), et une aide technique qui « remplace » une partie du corps. Il confirme de ce fait l'interprétation du cas Pistorius comme « hybride biotechnologique » pour l'institution sportive et son dépassement, à ce titre, des frontières qui définissent aujourd'hui les acteurs légitimes du jeu sportif commun.

Dimension symbolique du spectacle sportif et mise en scène d'un discours sur la limite

Ainsi l'institution sportive semble se poser comme instance singulière, qui au travers des différentes organisations qui l'incarnent, débat depuis toujours et de façon récurrente sur la légitimité et l'illégitimité des « aides ergogéniques » dans la compétition sportive. Discutant,

---

1. La controverse de 2009 concernant les nouvelles combinaisons de natation en polyuréthane qui ont été interdites puis ré acceptées par la FINA (Fédération Internationale de Natation) pourrait trouver ici également matière à élucidation (voir par exemple l'article « les combinaisons non homologuées », *L'Équipe*, 19/05/2009).

mesurant, arbitrant, autorisant, interdisant, elle trace les contours du type de spectacle qu'elle veut offrir au monde, en se définissant ainsi elle-même.

De nombreux auteurs se sont intéressés à cette question, étudiant « l'esprit sportif »[1], ou encore « l'esprit olympique », pour comprendre la place et les fonctions de cette institution dans les sociétés modernes. Le spectacle sportif apparaît ainsi comme une construction sociale au travers de laquelle l'institution sportive affiche et diffuse sa logique et son essence, celles-ci restant à décrypter. L'institution ne se donne jamais directement à lire, et la comprendre nécessite de s'attacher, au-delà des discours officiels à son mode d'organisation propre[2].

Les analyses sociologiques du spectacle sportif qui ont été réalisées sont ainsi très riches. Engagées à différents niveaux d'observation, elles permettent la mise en évidence de différentes facettes du spectacle sportif, et dont les interprétations peuvent s'opposer, sans devoir être exclusives. D'un spectacle sportif considéré comme « opium du peuple », manifestation collective régressive, ou archaïque[3], ou encore comme exhibition distinctive d'une classe sociale, à la proposition selon laquelle le spectacle sportif met en scène les valeurs fondamentales de nos sociétés[4], la réflexion reste ouverte, tant l'engouement planétaire pour celui-ci ne cesse de se diffuser.

---

1. G. Vigarello (dir.), *L'esprit sportif aujourd'hui. Des valeurs en conflits*, Paris, Universalis, 2004.
2. R. Lourau, *L'analyse institutionnelle*, Paris, Minuit, 1976.
3. J.M. Brohm, *Sociologie politique du sport*, Paris, Delarge, 1976.
4. C. Bromberger, *Football, la bagatelle la plus sérieuse du monde*, Paris, Bayard, 1998 ; A. Erhenberg, *Le culte de la performance*, Paris, Calmann-Lévy, 1991.

C'est à partir de la métaphore théâtrale du spectacle sportif proposée par Christian Bromberger [1], et de l'analyse des dimensions symboliques du spectacle proposée par Dan Sperber [2], que nous pouvons formuler maintenant une définition du spectacle sportif qui permet de donner sens au dilemme que pose le « cas Pistorius » pour l'institution sportive :

> Le spectacle sportif est une institution culturelle par le moyen de laquelle les Hommes sont invités à penser symboliquement le rapport de différentes catégories d'Hommes entre elles et le rapport de l'Homme à ses limites biologiques.

Ainsi l'institution sportive apparaîtrait aujourd'hui, en refusant Pistorius comme « dopé technologique », et en persistant dans sa lutte contre le dopage en général, comme une institution qui poursuit l'objectif de contribuer au « dépassement des limites de l'humain dans les limites biologiques de celui-ci ». En ce sens, elle jouerait le rôle de la dernière instance sociale d'affirmation des limites biologiques de l'humain. Ainsi installée, symboliquement, elle serait celle qui légitime une résistance aux usages potentiellement illimités des technosciences, celle qui pose une limite dans une société qui ne semble plus en vouloir. En ce sens, sa stigmatisation comme « conservatrice » serait le fait d'un environnement social qui ne se reconnaît plus dans ce théâtre là.

---

1. C. Bromberger, « Les pratiques et les spectacles sportifs au miroir de l'ethnologie », dans *Dispositions et pratiques sportives. Débats actuels en sociologie du sport*, Paris, L'Harmattan, 2004.

2. D. Sperber, *Le symbolisme en général*, Paris, Hermann, 1974 ; D. Sperber, « Pourquoi les animaux parfaits, les hybrides et les monstres sont-ils bons à penser symboliquement ? », *L'Homme*, XV, 2, 1975, p. 5-34.

Mais dès lors qu'elle accepte Pistorius dans son spectacle, le sens de celui-ci se voit fondamentalement transformé. D'un spectacle invitant à penser symboliquement la confrontation de l'Homme à ses limites biologiques, on passe à la mise en scène du dépassement par l'Homme de ses déterminations biologiques par la transformation sans limites de lui-même, le spectacle de l'« humain amélioré ». Cette transformation du spectacle sportif est appelée de ses vœux par le courant posthumaniste qui défend la thèse de l'inéluctabilité du processus d'amélioration de l'humain (*human enhancement*) par les nouvelles technologies. C'est précisément ce changement de nature du spectacle sportif qui est redouté par beaucoup et qui s'exprime dans un discours sur l'atteinte de la « pureté du sport ».

La « pureté du sport » est incarnée par la « pureté » ou encore la « naturalité » biologique de celui qui produit la performance sportive. Et cette « pureté » n'a rien à voir avec la « normalité » biologique. L'anomalie ou l'atteinte organique ne modifie pas la dimension symbolique du spectacle sportif. Elle l'enrichit bien au contraire en exposant l'immense diversité de l'humanité « naturelle » dans sa capacité d'optimisation insoupçonnée de ses aptitudes, jusqu'à la mise en scène de ses limites.

La modification technoscientifique et la technologisation du corps, par contre, brouillent radicalement ce spectacle sportif, en ce qu'elles effacent justement les limites qu'il veut faire apparaître et signifier. Une des solutions pragmatiques à cette crainte du « brouillage » consisterait, comme le proposent G. Lippi et C. Mattiuzzi[1], ainsi que

---

1. G. Lippi, C. Mattiuzzi, « Pistorius ineligible for the Olympic Games : the right decision », art. cit.

G. Wolbring[1] à créer une catégorie sportive « open » au sein de laquelle la question de la « naturalité » des athlètes ne serait plus posée. Mais cette « innovation catégorielle » n'a pas été jusqu'ici envisagée par l'institution sportive.

En effet, l'institution sportive classique affirme au travers de l'héroïsation de l'athlète parfait et de l'athlète handicapé « à corps nu », tous deux perçus comme « biologiquement purs », sa fonction d'exhibition d'une mise en ordre hiérarchique des capacités « naturelles » maximales et donc des limites biologiques des Hommes et des différentes catégories d'Hommes. Et la controverse autour de la participation des « athlètes hybrides technologiques » au spectacle sportif, à partir de la notion de « dopage technologique », met à jour la position spécifique de l'institution sportive, position qui repose sur son attachement intrinsèque à une forme de détermination biologique de l'humain dont le spectacle sportif est le théâtre, et dont la course d'athlétisme est la pièce mythique.

Aux frontières de l'humain, ou la construction sociale d'une nouvelle catégorie d'humains

L'analyse ici développée a montré qu'à partir de l'arène sportive s'est démocratisée une réflexion sociale et politique large sur la place « à faire » dans les sociétés actuelles et futures à l'humain « technologisé », « amélioré » et potentiellement hyper-performant, dont Oscar Pistorius semble être une incarnation remarquable. Dans les questionnements sociétaux actuels sur les frontières de l'humain, le cas d'Oscar Pistorius semble donner lieu à un processus de re-définition et de re-catégorisation de l'humain lié au développement de l'intervention

---

1. G. Wolbring, « Oscar Pistorius and the future nature of Olympic, Paralympic and others sports », art. cit.

technologique et biotechnologique sur l'humain, processus social dans lequel l'institution sportive joue un rôle très singulier.

Cette étude permet de rappeler l'intérêt majeur de l'étude des marges et de l'anormalité, construits sociaux qui nourrissent de façon unique l'élucidation des normes et des idéaux des sociétés qui les produisent.

Oscar Pistorius apparaît en effet pour l'ordre sportif comme un « cas monstrueux » de mixte entre la forme humaine et l'outil technique. Foucault[1] nous a enseigné qu'au cours du XVIIIe siècle c'est la figure du monstre qui a dominé la pratique judiciaire impliquant la question de l'« anormalité ». A cette époque, nous dit-il, le monstre interroge le système médical et le système judiciaire, en nous rappelant que depuis le Moyen Âge le monstre c'est le mixte. Mixte de deux règnes, de deux espèces, de deux individus, de deux sexes, de deux formes : le monstre est transgression des classifications et de la loi comme tableau. Mais il précise que « il n'y a de monstruosité que là où le désordre de la loi naturelle vient toucher, bousculer, inquiéter le droit, que ce soit le droit civil, le droit canonique, le droit religieux »[2]. Cette double infraction de la loi naturelle et du droit caractérise la monstruosité et la distingue radicalement de l'infirmité qui, elle, est prévue par le droit.

Le repositionnement dans l'histoire du sport des personnes handicapées de ce cas singulier, et l'étude de la controverse et des hésitations institutionnelles et juridiques qu'il suscite, permet de comprendre qu'Oscar Pistorius ne relève en aucune manière, pour l'institution sportive, de la catégorie de « l'infirmité », mais bien de celle de la

---

1. M. Foucault, *Les anormaux. Cours au Collège de France 1974-1975*, Paris, Hautes Études, Gallimard-Le Seuil, 1999.
2. *Ibid.*, p. 59.

« monstruosité », au sens où il est emblématique d'un « mixte » inattendu et aujourd'hui inclassable dans les taxonomies sportives.

Ainsi, l'exclusion temporaire d'Oscar Pistorius des compétitions sportives valides ne serait pas à interpréter comme le resurgissement d'une exclusion et d'un « déni d'humanité » des personnes handicapées, mais plutôt comme une tentative de préservation de la logique et de la fonction historique de l'institution sportive au sein d'une société qui invente, génère et définit de nouvelles catégories d'Hommes qui n'ont pas (encore ?) de place dans l'ordre sportif institué.

Les hésitations de l'institution sportive font face à une dynamique de dépassement des déterminations biologiques de l'humain par les technosciences, fantasme déjà matérialisé, entre autres, dans la vision futuriste du spectacle sportif issu de la bande dessinée de science-fiction dans « Hors Jeu » de Enki Bilal[1], et aujourd'hui défendu de façon beaucoup moins réflexive et critique par le courant « post-humaniste »[2].

Si les sociétés occidentales semblent construire progressivement l'émergence de cette nouvelle catégorie d'humains hybrides que ce soit au travers de l'art, de films de divertissement[3] ou de la mise en scène médiatique[4] des

1. E. Bilal et P. Cauvin, *Hors Jeu*, Paris, Autrement, 1987.

2. Voir par exemple A. Miah, « Be very afraid : Cyborg athletes, transhuman ideals and Posthumanity », *Journal of Evolution and Technology*, 13/10/2003, et K. Warwick, *I, Cyborg*, University of Illinois Press, 2004.

3. Comme par exemple dans le film anglais « Planet terror » (2007), film gore et violent mettant en scène une héroïne amputée d'une jambe et portant sur son moignon une mitraillette lui servant accessoirement de prothèse de jambe…

4. Voir par exemple, entre de nombreux autres, l'article de Hervé Morin dans le journal Le Monde « Homo bionicus », 19-20 octobre 2008.

innovations médicales biotechnologiques [1], cette construction sociale s'élabore sur le fond d'un débat éthique articulé sur la question des limites entre « réparation de l'humain » et « amélioration de l'humain » (therapy/enhancement distinction) [2].

Le théâtre sportif en est aujourd'hui une scène privilégiée et populaire.

Épilogue

Suite à l'autorisation de concourir dans les compétitions sportives « ordinaires » qui lui a été accordée par le TAS en mai 2008, Oscar Pistorius a participé aux sélections olympiques de son pays, l'Afrique du Sud, pour tenter d'accéder aux Jeux Olympiques de Pékin. N'ayant pas réalisé les minimas, il n'a pas été sélectionné en individuel. Il n'a pas non plus été sélectionné pour le relais 4 × 400 m par l'entraîneur Sud-africain, étant devancé dans les performances par plusieurs candidats sud-africains à ce relais. Il a concouru aux Jeux Paralympiques de Pékin où il a remporté trois médailles d'or, celles du 100 m, du 200 m et du 400 m plat en catégorie T44 (simple amputé tibial). Il se prépare actuellement pour les Jeux Olympiques de Londres en 2012.

1. B. Andrieu, *Devenir Hybride*, Nancy, P.U.N., 2008.
2. M. McNamee, *Sports, virtues and vices : Morality Plays*, London, Routledge, 2008 ; M. McNamee, « Whose Prometheus ? Transhumanism, biotechnology and the moral topography of sports medicine », *Sports, Ethics and Philosophy*, 1 (2), 2007, p. 181-194 ; M. McNamee et S.D. Edwards, « Transhumanism, medical technology and slippery slopes », *Journal of medical ethics*, 32, 2006, p. 513-518.

Troisième partie

AGENTIVITÉ ÉTHIQUE

PRÉSENTATION

Contre la morale universelle et l'éthique appliquée, l'agentivité éthique des sportifs et sportives revendique et manifeste des valeurs au cœur même de leur action sportive mais aussi autour des valeurs nouvelles incarnées dans l'écologie du sport (ici le texte d'Anne Sophie Sayeux), le sport handicapé (ici le texte d'Otto Schantz) ou la question du bien-être (ici le texte de Pierre-Laurent Boulanger). Par leurs actes, les sportifs(ves) interrogent les normes, critiquent les normalités, et participent à l'émergence de la normativité éthique contre la normalisation morale des comportements. En incarnant des valeurs inédites, leur indépendance surgit en agissant de manière autonome dans le monde du sport et en renouvelant le sens à donner à l'action.

L'agentivité remplace le simple consommateur de soin par une action vécue : l'*empowerment* est un mode de contrôle des individus et des groupes sur leur vie dans un contexte de changement de l'environnement. Chacun voudrait maîtriser sa santé là où le corps, par l'éco-sport, devient davantage environnemental par ses interactions. Entre ce que l'on pourrait faire et ce que l'on devrait faire pour soi, le sujet contemporain construit un *self-development* pour vivre son autonomie corporelle : l'observance ou non des prescriptions paraît être une émancipation laïque, mais place le sujet sportif dans des modes éthiques de régimes différents face à nos injonctions morales parfois contradictoires.

En devenant agents de leur éthique plutôt que d'obéir strictement à des règles de la morale, le sujet contemporain veut dans son sport et par son action corporelle sur le terrain orienter le jugement éthique par la production de nouvelles valeurs. De manière idiosyncrasique, le ou la sportive utilise soit sa condition corporelle de personne en situation de handicap, soit la couleur de sa peau qui risque de lui attirer une descrimination ou encore le genre de son sexe pour garantir l'accessibilité aux pratiques sportives et récréatives. Le milieu et les types de pratiques vont, dès les années 1960, se renouveler sous l'action des sportifs revendiquant des droits civiques.

Mais si la nécessité de se manifester dans le stade plutôt que dans la rue est devenue si évidente pour les minorités sociales, c'est en raison de l'absence de prise en compte par la morale universelle et l'éthique appliquée de ces nouveaux modes de valorisation de l'action. Jusque-là, l'action sportive était entièrement tournée vers la performance en valorisant à la fois sa signification motrice et sa finalité dans la mesure du résultat. Le classement et le record paraissaient être les seuls moyens d'héroïser les sportifs et les sportives par la récompense du succès. L'exemplarité d'un sport sans dopage ni excès qui contiendrait tout les comportements dans les limites du *fair-play* ne conviendrait pas pour l'expression publique de revendications plus identitaires que sportives.

Ainsi les valeurs sensorielles de la génération surf, depuis les années 1960, ont importé depuis Hawaï non seulement un mode de vie alternatif mais aussi une éthique construite à partir de l'expérience écologique des éléments.

Les règles coutumières qui introduisent chaque surfeur sur le spot, c'est-à-dire le lieu privilégié de la pratique, viennent remplacer les valeurs de la morale universelle du sport, comme le *fair-play*. Chaque surfeur doit reconsidérer son action pour prendre la vague en fonction des autres, de son expérience corporelle et des conditions de la vague. L'agentivité éthique dépend ainsi de l'agencement des corps dans le dispositif sportif. Anne Sophie Sayeux précise ici cette éthique sensorielle : « Pour les pratiquants, la sensation est la valeur intrinsèque du surf, s'accommodant mal de l'éthique prescriptive fédérale. Cette valeur offre aux individus un sentiment d'appartenance à une communauté éphémère, certes, mais partageant les mêmes codes culturels et normes. Les règles coutumières, bien présentes, ne sont pas pourtant figées dans des injonctions inébranlables. Bien au contraire, la particularité de celles-ci est leur adaptabilité à l'environnement sensible auquel appartient le surfeur. Ici donc un mode alternatif proposant une autre éthique sportive, où écouter les éléments et écouter son corps est la règle »[1].

Ainsi l'échelle esthésiologique est écologiquement définie en fonction de l'expérience corporelle des éléments mais aussi dans une coopération entre les surfeurs. Les valeurs et règles surfiques coutumières du surf reposent sur une socialisation dans le groupe : chacun doit se sacrifier pour faire respecter la hiérarchie technique dès que la vague est bonne à surfer mais aussi pour être *fair-play*. Mais par l'expérience écologique, les éléments éveillent des sensations internes qui servent au jugement des gestes et des actes. Comme pratique sensorielle, le surf produit depuis les sensations éprouvées dans le corps vivant une

1. Cf. *infra*, p. 219.

sensibilité éthique à la nature comme ici, dans l'enquête
menée auprès des pratiquants par Anne Sophie Sayeux :
« Cette valeur sensation propose un rapport au monde où
l'entendre, le sentir, le goûter, le voir, le toucher font la
maîtrise et l'éthique de la pratique. Le surfeur crée son
univers propre à travers sa connaissance remarquable de
l'environnement naturel et corporel ».

Le mouvement para-olympique est, avec le handisport,
plus qu'une simple activité physique adaptée. L'agentivité
des antisportifs devient non seulement visible mais lisible
avec une prise en main du corps par les sujets de leur
handicap, souvent dans des associations, pour définir un
style de vie plus inclusif. Plutôt que de mettre fin au
handicap, l'action de l'*empowerment*, comme le démontre
Otto Schantz, consiste à penser les effets de la construction
d'un corps-standard comme ce qui serait le seul mode
d'identification. La revendication d'une mixité sociale
normaux/handicapés renvoie ainsi à une hybridation
ontologique pour laquelle devenir hybride est un processus
instable, incertain et résilient. Le corps standard dit normal
croit pouvoir maintenir une permanence identitaire par la
maîtrise de l'apparence et le contrôle de soi.

Le sport et le handicap ouvrent le débat de la fin du
handicap organisée par cette dilution institutionnelle. Cette
inclusion voudrait être une fin provisoire et politique alors
même que les personnes en situation de handicap ne se
contentent plus de revendiquer l'application du droit. Elles
deviennent des agents du changement de désignation en
performant des actes plus que symboliques dans le sport.
Mais se produit ici un renversement de cette éthique de la
différence : trop exceptionnels, ces sujets antisportifs sont
réassignés au rang d'anormal en raison d'un renversement
complet des normes qu'ils incarnent.

Ainsi contre l'image du corps monstrueux, la visibilisation du *disabled sport* est désormais assurée par les acteurs/trices eux-mêmes : ainsi la description des mouvements pour la vie autonome qui depuis 1970 anime dans le monde anglo-saxon la lutte pour l'*empowerment*. Les centres de vie autonomes présents en Suède, Norvège, Finlande, Danemark, États-Unis et Canada, malgré l'action du GFPH depuis 1997, n'existent pas en France. La *Disability Pride Parade* aux États-Unis depuis 2004, par l'activisme de Sarah Triano [1], doit être cependant distinguée du courant de la neuro-diversité et des mouvements de *disability art on line* [2] comme culture de groupe.

Le conflit d'expertise entre spécialistes et agents s'instaure désormais puisque des personnes handicapées ne se contentent plus de témoigner en première personne de leur condition, comme Philippe Vigand (2011), Guillaume de Fonclare (2010), Philippe Croizon (2006), Laurent Marzec (2006) ou Aaaron « Wheelz » Fotheringham accomplissant des backflip en fauteuil sur le skatepark Doc Romeo de Las Vegas, mais obtiennent une reconnaissance universitaire en validant leurs thèses, à la suite de l'anthropologue Robert F. Murphy avec *The Body Silent* traduit sous le titre *Vivre à corps perdu*, comme le sociologue Pierre Dufour qui vient de soutenir et de publier *L'homme en fauteuil : approche de genre. Contribution à une sociologie critique du handicap* sous la direction de Daniel Welzer-Lang. L'analyse porte ici ces conflits entre les mouvements paralympique et olympique, et ce en termes de rapports de pouvoir, de domination qui, selon ici Otto Schantz « montre[nt] que le processus d'*empowerment* fut

1. www.disabilityprideparade.com
2. http://www.disabilityartsonline.org.uk

étouffé. Effectivement, tout au long de cette relation le marginal mouvement paralympique fut dominé et contrôlé par le gigantesque et prospère mouvement olympique ».

La recherche du bien-être est aujourd'hui, dans le même conflit entre normalisation de la prévention et agentivité éthique des nouveaux consommateurs du sport-santé, comme à la fois une prescription médicale, un management sanitaire et une activation capacitaire. Comme prescription sanitaire, la médecine poursuit son bio-pouvoir, au sens de Michel Foucault, dans le corps même de chacun : le sport sur ordonnance par une activité physique adaptée est un mode d'incorporation des normes sociales. Poursuivant l'influence du modèle hygiéniste qui avait pu, avec la médecine du sport, instituer à la fois le suivi anthropométrique du développement par des fiches de santé et des surveillances régulières, la prescription sanitaire définit ce qu'il faudrait être : manger et bouger, le sport pour tous, trois fruits et légumes par jour, 10 000 pas par jour… liant ainsi nutrition, activité physique et mode de vie. La vie saine est ici une ascèse hygiénique par une contrainte médicale et scientifique. L'éducation à la santé est ici médicalisée.

Dans le cadre du management sanitaire, le sport en entreprise est pensé comme régulateur du stress et comme nouvelle forme de santé sociale. Dans le souci libéral de productivité durable, la médecine du travail contre le *burn-out* et le harcèlement a été complétée par un management de santé. Entretenir son capital-santé c'est aussi se maintenir en forme dans le cours de l'activité, sinon de la suractivité. La gestion du stress est ainsi devenue une éducation d'un corps toujours dans le flux à l'estime de soi, dans un contexte de rivalité mimétique et de compétition aux résultats. Comme activation capacitaire, les techniques d'auto-santé, si elles télé-controlent à distance la gestion des data récoltés par les marchands d'application connectée et les compagnies d'assurance qui ajustent nos contrats, favorisent l'auto-mesure et le self-management : cette individuation par la santé virtuelle et numérique propose des algorithmes singuliers. Face aux pratiques libres du slow sport et de l'entretien de soi, les fédérations sportives proposent de structurer cette éducation à l'auto-santé par des techniciens de santé.

Pierre Laurent Boulanger démontre dans son texte combien le bien-être attache le sujet à l'activité du sport-santé par une perception propre à la pratique : les *qualia* corporels, suivant ainsi l'analyse de Boulanger dans une discussion avec Dokic, sont plutôt des sensations qu'un jugement. Liés à la conscience interne que nous avons de notre propre corps, ces *qualia* corporels ne sont accessibles qu'à une seule personne en propre, celle qui fait le marathon par exemple.

L'agentivité éthique révèle ainsi des expériences qui ne sont pas seulement militantes par la formation de valeurs alternatives mais aussi des valeurs extraites de l'expérience en propre à la fois singulière et innovante.

ANNE-SOPHIE SAYEUX

LA VALEUR SENSATION :
L'ÉTHIQUE DU SURF [1]

La définition de l'éthique dans le surf est complexe. D'une part, la Fédération Française de Surf, tout en tentant de mettre en avant sa défense des valeurs communes aux surfeurs, applique une éthique sportive classique reprenant des principes de *fair-play* et de sécurité. D'autre part, des pratiquants sans affiliation autorégulant le surf grâce à un système de règles coutumières fluctuantes, et un système de valeurs édifié sur les sensations. Dès lors se pose la question de la légitimité de la définition de l'éthique sportive dans le surf : « À travers les codes, les valeurs, et les représentations, les acteurs sportifs nouent des alliances ou développent des oppositions pour la définition légitime de l'éthique sportive. Mais pour s'inscrire dans l'univers du sport, tous acceptent de s'y référer pour la promouvoir, la transformer ou la combattre. D'une certaine manière, l'éthique fonde l'existence du sport et de la communauté sportive mais, également, elle amène la clôture de l'univers sportif. L'éthique puise son contenu dans les références sociales mais elle transporte et transfigure ces références

---

1. Une première version de ce texte a été publiée dans B. Andrieu (éd.), *Éthique du sport*, Lausanne, L'Âge d'Homme, 2013, p.600-608.

pour mieux les coder et les sacraliser. En même temps, elle les condense pour produire une forme idéalisée des rapports entre l'individu et la société. L'éthique subsume l'expression des formes sportives et la vision symbolique de l'univers sportif en un système général de représentations qui s'articulent autour de la corporéité et du développement social. »[1]. Une particularité du surf, que ne relève pas Pigeassou, est que les pratiquants ne se réfèrent pas à une éthique sportive classique mais à une éthique construite sur les sensations. Celles-ci, bien qu'individuelles, sont partagées par les surfeurs et offrent une base commune de références. Le surf propose donc un autre modèle éthique, où faire corps à l'océan est la plus grande des valeurs.

MORALE DE L'INSOUMISSION : LE SURF

Nous avons envisagé dans de précédents travaux la Fédération Française de Surf comme un gestionnaire de morale[2]. Son objectif est d'« organiser, développer et réglementer en métropole comme dans les DOM TOM, la pratique du surf-riding et de ses disciplines associées. » Sa mission, cherchant à toucher le plus grand nombre, à pour but de donner un cadre à l'enseignement du surf (par

---

1. C. Pigeassou, « Les éthiques dans le sport : voyage au cœur de l'altérité », *Corps et Culture* n° 2, 1997.
2. A. S. Sayeux et D. Bodin, « De l'école buissonnière à l'enseignement : comment s'apprend le surf ? » dans *L'homme en mouvement, histoire et anthropologie des techniques sportives*, Robène et Léziart (dir.), vol. 1, Paris, Chiron, 2006, p. 493-507 ; A. S. Sayeux « Surf autogéré contre surf fédéral : deux idéaux en lutte », *Revue Européenne de Management du Sport* n° 21, 2008 ; *Surfeur, l'être au monde. Entre accords et déviances*, Rennes, P.U.R., 2008 ; « Les paysages vagues », *Sociétés* n° 109, 2010/3, p. 91-104 ; « Au cœur de la vague, comment peut-on être surfeur ? », *Ethnographiques.org*, n° 20, septembre 2010.

la formation et la labellisation des écoles de surf), d'éduquer ses licenciés aux questions environnementales [1], de rendre accessible la pratique aux populations les plus exclues, de gérer le haut-niveau et, enfin, de « défendre les valeurs du surf ». Ce dernier point retient particulièrement notre attention, en effet, par ces quelques mots, la fédération se positionne en tant que garante d'une morale. La position de la fédération serait alors identique à « ceux qui créent des normes » [2]. En effet : « il (le croisé de morale) croit qu'il est bon pour eux (les autres) de "bien" se conduire » [3]. Une des volontés fédérales, en créant des normes de conduites régissant les règles de priorité [4] est d'éviter les accidents, notamment ces dernières années où la population sur les spots de surf est de plus en plus dense. En 2014, une étude du SAMU de Bayonne portant sur les mois de juillet et août relève 287 interventions liées au surf, soit une augmentation de 36% par rapport à 2006 [5]. Ce sont donc des règles sécuritaires, tout comme une normalisation de la règle coutumière. Ainsi la FFS, à travers ses experts, cherche à imposer une moralisation du surf mettant en

---

1. Extrait des statuts de la FFS : « Dans l'esprit de l'Agenda 21 du Comité National Olympique et Sportif Français, la FFS intègre les notions de développement durable et de protection de l'environnement dans ses politiques, ses règlements et les modes de gestion qui régissent son fonctionnement, l'accomplissement des activités sportives et la tenue des manifestations sportives qu'elle organise ou qui sont organisées sous son égide », http://www.surfingfrance.com/ commissions/eco-surf.

2. Becker H. S, Outsider. *Étude sociologique de la déviance*, Paris, Métaillié, 1985, p. 171.

3. *Ibid.*, p. 172.

4. A. S. Sayeux, « Au cœur de la vague, comment peut-on être surfeur ? », art. cit.

5. G. Barucq, thèse de doctorat en médecine, Bordeaux, 2007.

avant le respect d'autrui, le *fair-play*, et la sécurité en s'attachant à une éthique sportive classique.

La population que nous avons étudiée [1] n'est pas fédérée. Elle ne fait donc pas ou plus de compétitions et surfe toute l'année dès que les conditions naturelles s'y prêtent. Notre terrain de plus de trois années a mis en évidence que cette activité corporelle s'établit sur un système de règles coutumières qui permet un autocontrôle dans le groupe. Les règles coutumières sont établies de façon à ce que personne ne perde la face dans le territoire symbolique [2]. Ainsi le surfeur, dès son arrivée sur l'eau, doit se plier à certains « rites de présentation » [3]. Il lui faut tout d'abord respecter une première séquence basée sur la discrétion et l'humilité, qu'il marquera par un regard détourné. Suite à cela, il devra saluer les surfeurs déjà en place. Le respect de ces rites indique d'une part que l'acteur connaît les règles coutumières et, par là même, qu'il est intégré, ou qu'il souhaite s'intégrer au groupe. D'autre part, il permet à celui qui est en place de pouvoir estimer l'arrivant et ainsi choisir de l'incorporer au groupe de pairs, seulement s'il respecte les séquences suivantes. Le surfeur arrivant doit se mettre en retrait par rapport aux autres pratiquants, puis observer ce qui se joue sur le lieu. A lui d'attendre son tour pour pouvoir prendre une vague. Cette « distance cérémonielle » [4] permet de respecter l'intimité des acteurs, et leur spot de surf. Ces « rites interpersonnels » [5] offrent donc à chacun la possibilité de jouer son rôle, et d'être reconnu dans cette attribution. Le nouveau venu, après

1. Notre étude s'est restreinte au domaine français, et plus particulièrement aux territoires landais et basque.

2. E. Goffman, *Les rites d'interaction*, Paris, Minuit, 1974.

3. *Ibid.*, p. 63.

4. *Ibid.*, p. 58.

5. *Ibid.*, p. 172.

avoir respecté les séquences décrites, essaye alors de prendre une vague et prouve qu'il sait l'exploiter. Une fois sa prise de vague terminée, il laisse le tour aux autres pratiquants. Ces trois dernières séquences touchent le « caractère »[1], c'est-à-dire l'engagement de l'acteur. Le « cran » dont il va faire preuve lors de sa prise de vague va dévoiler son niveau de « courage »[2]. Hautement valorisé dans la culture surfique, l'honneur de l'acteur se mesure aussi par son « sang froid »[3] consistant à montrer au public et à soi-même que l'on sait surfer.

Ce protocole des règles coutumières atteint son paroxysme lorsque l'acteur surfe la vague. C'est là que sa « face » est la plus bancale : il peut la garder ou la perdre selon le hasard. S'il sort indemne de ce « coup de dés délibérément tenté »[4], alors, il aura fait preuve de caractère fort en montrant son sang-froid dans cette situation plus que bancale. Le fait de laisser le tour aux autres surfeurs prouve « l'intégrité »[5] de l'acteur, car après avoir pris du plaisir dans la vague, le surfeur n'a qu'une envie : renouveler immédiatement cette jouissance sensorielle. C'est pourquoi renoncer à prendre immédiatement la prochaine vague, c'est témoigner de son « esprit chevaleresque »[6], requérant un autocontrôle. S'il agit ainsi, le surfeur fait alors preuve de grandeur d'âme. Mais voici dépeint ici une représentation idéale où toutes les règles coutumières seraient respectées, offrant alors une session de surf sans heurt. Dans cette

1. *Ibid.*, p. 178.
2. *Ibid.*, p. 179.
3. *Ibid.*
4. *Ibid.*, p. 149.
5. *Ibid.*, p. 180.
6. *Ibid.*

phase archétypale, tout le monde pourrait ainsi « garder la face »[1] en donnant une bonne image de soi.

Pour entrer dans ce territoire symbolique, il est nécessaire que l'acteur fasse preuve de sa bonne foi. En étant imprégné de la même culture que le groupe, il ne nuit pas à l'équilibre de celui-ci. Plusieurs critères permettent de juger cette bonne foi. Ainsi, un mode de transmission traditionnel sera plus valorisé qu'un apprentissage en école, car le premier permet d'acquérir l'intégralité de la culture surfique, et la connaissance de la valeur sensation. La filiation joue aussi un rôle car elle permet d'identifier un surfeur comme « fils de » ou « proche de » garantissant sa bonne foi. Enfin, le niveau de sacrifice[2] corporel décrit ci-après donne l'ampleur de son investissement et son engagement dans l'élément[3]. Ces trois critères permettent donc d'intégrer le groupe. Ainsi, celui qui connaît le système de règles coutumières, en les respectant ou non, sera dans une position hiérarchique élevée. Celle-ci offre les possibilités de faire appliquer les règles tout comme de les braver, et ce sans sanction car les plus anciens cherchent à faire respecter ces règles coutumières, mais ils les contournent aussi très aisément. Leurs actions se légitiment grâce à deux arguments : d'une part la surpopulation qui, pour eux, nuit à l'identité du spot voire de la culture surfique, et d'autre part une nécessité de sécurité (on retrouve là l'argument de la FFS). C'est ce qu'ils appellent « faire le shérif ». Ils n'hésitent alors pas à « sanctionner » les

---

1. E. Goffman, *Les rites d'interaction, op. cit.*, p. 19.
2. Mais aussi de sacrifice social (A. S. Sayeux, « Surf autogéré contre surf fédéral : deux idéaux en lutte », *La Revue européenne de management du sport*, n°21, 2008, p. 34-47).
3. A. S. Sayeux, *Surfeurs, l'être au monde. Une analyse socio-anthropologique, op. cit.*

malotrus qui arrivent sur les spots sans connaître ou appliquer les règles coutumières. Pour désigner leurs fautes, les anciens empêcheront les irrévérencieux de prendre des vagues, en les gênant dans leur descente, ou en les priant, plus ou moins violemment, de quitter les lieux.

Le surf est aussi un lieu d'affrontement. Ici, les interactions sont « le champ de bataille d'une guerre non déclarée entre les acteurs »[1].

> Par contre, moi, y'a un mec qui fait ça (prendre sa vague) et qui n'est pas du coin, je dis rien et je pars quand même. J'ai envie qu'il râle parce que je sais qu'il a voulu me baiser et s'il dit : « Hop, hop, hop ! J'ai priorité », moi, j'attends, je le fais tomber. Et en général, il comprend très bien parce qu'il sait qu'il a voulu me baiser. – Christophe –

Dans le surf il faut aussi savoir se battre, pour obtenir « sa » vague[2].

Ces valeurs et règles surfiques coutumières du surf peuvent, à travers une lecture rapide, avoir des liens avec la morale portée par la Fédération Française de Surf. Pourtant, le discours fédéral développe un argument sécuritaire légitime ayant pour ambition d'éviter de porter préjudice à autrui, morale globale du surf institué. Toutefois cette dernière ne touche pas l'univers du surfeur libre. En effet, ce dernier a une vision plus individuelle, une morale de lui-même beaucoup plus locale et fondée sur la valeur sensation, comme le montre le jeu de détournement des règles[3]. L'éthique du surf libre réside dans un rapport

---

1. D. Le Breton, *L'interactionnisme symbolique*, Paris, P.U.F., 2004.

2. A. S. Sayeux, « Les paysages vagues », *Sociétés*, n°109, 2010/3, p. 91-104.

3. A. S. Sayeux, « Surf autogéré contre surf fédéral : deux idéaux en lutte », art. cit.

particulier du corps à la nature qui demande le respect des conventions du groupe sous peine de déséquilibrer son propre ordonnancement du monde. L'essence du surf n'est-elle pas dans le mouvement, comme a pu le dépeindre Gibus De Soultrait dans son essai *L'entente du mouvement*?[1] En effet, cette pratique instable oblige à une adaptation et une réadaptation constante de la règle qui, dès lors, ne dépend que d'une chose : le milieu naturel. Ainsi, le surf s'organise autour de deux systèmes de régulation : la règle coutumière que nous venons d'exposer, et la nature comme contrainte formelle de la pratique[2] qui remplaçant alors les règles du jeu[3] en promouvant la valeur sensation.

SURF SENSORIEL

N'est surfeur que celui qui connaît l'océan à travers son corps. Cette affirmation, quelque peu radicale, n'est autre qu'une réalité observée et entendue sur le terrain. Ce qui pourrait sembler n'être qu'une lapalissade pour les avertis est en fait une évidence qu'il est bon de questionner : quelle est donc cette connaissance ?

Dès que le surfeur sort de son véhicule pour se préparer sur le parking, son espace sonore est envahi par le son des vagues éclatant sur le rivage. Ce rythme régulier de l'océan génère une ambiance plus ou moins tendue selon la puissance des intonations. Ces sons font appel à la mémoire

1. G. De Soultrait, *L'entente du mouvement (esquisse d'une résistance)*, Édition Vent de Terre, 1995.

2. A. S Sayeux, *Marcher sur l'eau, une ethnologie du surf à Anglet*, DEA, sous la direction de S. Darbon, MMSH, 1999.

3. S. Darbon, *Pour une anthropologie des pratiques sportives. Propriétés formelles et rapport au corps dans le rugby à XV*, Techniques et Culture n° 39, 2002.

individuelle mais aussi à la mémoire collective, oscillant
alors entre l'océan de plaisir et l'océan de crainte. En effet,
milieu toujours en mouvement, anarchique, presque vivant,
l'océan est sauvage. Il inspire peur et dégoût : « Ce règne
de l'inachevé, vibrant et vague prolongement du chaos,
symbolise le désordre antérieur à la civilisation »[1]. Au
Moyen Âge, il est considéré comme « l'antithèse de la
stabilité idéale »[2]. Théâtre du déluge, il entraîne la
destruction ou la rédemption, selon la volonté divine. Ce
cataclysme, note Christiane Villain-Gandossi[3], peut prendre
deux formes. L'une, active, représentée par la vague
colossale dévorant tout sur son passage, et l'autre, passive,
à travers la marée insidieuse qui, imperceptiblement, aspire
les êtres dans les profondeurs océanes. Le son de ces ondes
se projetant sur la grève réveille alors une crainte collective
ancestrale, mémoire négative du rapport qu'entretien notre
civilisation à l'océan. Mais cette peur est aussi adrénaline
chez le surfeur, l'incitant à enfiler rapidement sa combinaison
de néoprène pour courir jusqu'à l'eau. Car, bien qu'il ne
voie pas encore les vagues, il les sent déjà. Sa mémoire
corporelle intime, stimulée par l'audition, l'appelle à
renouveler au plus vite son jeu corporel avec les rouleaux.
Ces sons permettent à l'acteur de se situer immédiatement
dans son action à venir : surfer. C'est bien cette immédiateté
qu'il faut relever dans l'audition : ici, pas de filtre demandant
d'analyser ce qui est perçu, comme si le son des vagues

---

1. A. Corbin, *Le territoire du vide, l'océan et le désir de rivage
(1750-1840)*, Paris, Aubier, 1988, p. 12.
2. C. Villain-Gandossi, « La perception des dangers de la mer au
Moyen Âge à travers les textes littéraires et l'iconographie », dans
A. Augeron, et M. Tranchant, (dir.), *La Violence et la Mer dans l'espace
atlantique (XIIᵉ-XIXᵉ siècle)*, PUR, Rennes, 2003, p. 439.
3. *Ibid.*, p. 442.

affectait directement à l'âme des surfeurs. Car ceux-ci font partie du « certain nombre d'hommes » qui, pour Sansot, « entendent encore (ou à nouveau) l'herbe qui pousse, le raisin quand il mûrit, la colère du ciel ou de l'océan »[1]. Ce fond sonore envahit l'espace de la pratique, il s'amplifie à mesure que l'on s'approche de l'eau, se mélange aux bruits de la vie courante sur la plage. Une fois dans l'eau, dos au rivage, le bruit détonnant des vagues rythme l'attente, et se lie aux sons des discussions entre surfeurs, des moteurs de jet-skis passant plus au large, des cris des enfants jouant sur le rivage. Mais lorsque l'individu surfe, l'entente de cette ambiance sonore semble disparaître :

> Je suis assis sur ma planche à attendre les vagues et le moment où je surfe, y'a des sensations qui disparaissent […]. J'ai l'impression aussi que j'entends plus les mêmes choses. Quand t'es assis sur ta planche à attendre la vague et ben t'entends les vagues qui s'éclatent un peu plus loin, des gars qui parlent, peut être je sais pas, j'allais dire les bruits de la ville mais… Mais pas forcément, mais tu vois un chien qui aboie sur la plage ou le brouhaha des gens qui parlent sur la plage quand c'est l'été, des trucs comme ça… ben après quand je surfe, peut être parce que je fais plus attention mais tous ces bruits, je les entends plus. – Greg –

Alors, paradoxalement, le fait de surfer effacerait les sons pour baigner le pratiquant d'un silence libératoire, lui permettant de n'être qu'un avec l'océan.

Aux sons se mêle l'odeur, celle de l'océan qui en appel à « la dimension culturelle de toute expérience olfactive »[2],

---

1. P. Sansot, *Variations paysagères*, Paris, Payot, 2009, p. 108.
2. J. Candau, A. Jeanjean, *Des odeurs à ne pas regarder*, Terrain, n° 47, 2006, , p. 51-68.

convoquant l'histoire collective du rapport au rivage et aux vertus de soin du milieu marin[1], mais aussi à une dimension plus individuelle et affective des pratiquants, car, comme l'écrit Wathelet : « Nous faisons l'hypothèse que "l'environnement" possède une "historicité" significative au regard de la transmission et du partage des compétences olfactives, et à l'échelle d'un collectif d'individus partageant un ensemble suffisamment identique de compétences olfactives. »[2]. L'attachement des surfeurs à cette odeur iodée peut remonter à des souvenirs d'enfance et de vacances à la plage, aux premiers jeux de vagues. C'est aussi la réminiscence des joies liées à l'élément marin expérimentées lors des dernières sessions de surf, car, comme l'écrit Lenclud : « Le pouvoir évocateur des odeurs, autrement dit leur symbolicité, est immense dans la mesure où le champ de l'évocation est constitué par tous les souvenirs susceptibles de confirmer le sentiment de reconnaissance de l'effet que cela fait de tomber sur cette odeur. »[3]. Cette odeur, rassurante pour les surfeurs, peut manquer lorsqu'elle n'est plus sentie depuis longtemps. Imprégnant la peau et les cheveux des pratiquants, elle peut se mêler à celle d'une wax[4] parfumée à la noix de coco ou au monoï, qui se colle au corps. Ainsi, ces odeurs accompagnent les surfeurs dans leurs véhicules et leurs

---

1. A. Corbin, *Le territoire du vide, l'océan et le désir de rivage (1750-1840)*, Paris, Aubier, 1988.

2. O. Wathelet, *Anthropologie de la transmission des savoirs et des savoir-faire sensoriels. Étude de cas : la transmission d'un patrimoine olfactif à l'intérieur d'une famille*, thèse sous la direction de J. Candau, 2009, p. 91.

3. G. Lenclud, *La nature des odeurs (remarques)*, Terrain, n° 47, 2006, p. 5-18.

4. Pain de paraffine que l'on frotte sur la planche pour éviter de glisser de la planche.

demeures, jusqu'à ce que la douche savonneuse fasse disparaître ces senteurs si caractéristiques de la plage, mélange d'iode et de fragrances exotiques. L'océan a aussi une saveur, qui passe par le nez lors de l'immersion, se fixe sur les lèvres et pénètre la bouche jusqu'à la nausée quand il est avalé par inadvertance. Le goût de l'océan reste sur la peau, et la fragilise. Le corps dénudé est en contact direct avec l'air, le soleil, ou les embruns, voire la pluie. Les saisons passent sur la peau des pratiquants. Le vent froid de l'automne et l'hiver, le vent tiède du printemps et de l'été s'accrochent à l'épiderme et produisent des sensations plus ou moins agréables. Le froid est plutôt négatif, il engourdit les membres et tend les muscles, il présage d'une session difficile car la peau mouillée sera encore plus sensible à l'atmosphère glaciale. Bien entendu, ce froid est bien souvent annonciateur d'une eau à basse température. Cela peut être terriblement douloureux pour les pratiquants, voire dangereux, entraînant alors des maux de tête, mais aussi des risques d'hydrocution ou d'exostose [1] de l'oreille (appelée aussi « maladie de l'oreille du surfeur »). Mais le froid peut aussi être perçu comme positif en ce sens où il réveille le corps, contracte les muscles et renforce l'individu, dans un imaginaire partagé de « techniques d'endurcissement » [2]. La chaleur du soleil quant à elle est perçue plutôt positivement. L'énergie solaire est valorisée dans notre société [3]. Le soleil est régénérateur, il soigne le

---

1. Il s'agit d'un rétrécissement du conduit auditif externe de l'oreille dû aux irritations provoquées par une station prolongée en eau froide, mêlé au vent et aux vagues.

2. B. Andrieu, *Bien dans l'eau. Vers l'immersion*, Biarritz, Atlantica, 2010, p.90.

3. B. Andrieu, *En plein soleil, vers l'énergie*, Biarritz, Atlantica, 2011.

corps et le moral des citadins car « Être bronzé est devenu un mot d'ordre de santé et de bien-être. »[1]. Mais le soleil peut aussi être un ennemi pour le surfeur en lui brûlant la peau lorsqu'il attend interminablement sur sa planche la vague libératrice. Dès lors, c'est un soleil nocif qui développe des tumeurs cancéreuses, redouté par les surfeurs. Les embruns, telle une matérialisation de l'iode, sont perçus comme bénéfiques. Sorte des particules odorantes de l'océan, elles pénètrent les pores des surfeurs, purifiant et renforçant alors le corps. La peau du surfeur est mobilisée par les éléments naturels dès qu'il sort de son véhicule. Que ce soit dans l'immersion d'un air mouvant ou humide, dans les sensations atmosphériques, la peau unit le surfeur aux éléments : « Organe du contact, la peau est en même temps une barrière protectrice, une séparation, une surface d'interposition entre le monde sensible et le sens qui lui donne forme. »[2].

Le sens dont parlent le plus facilement les surfeurs est la vue, ceci est sans doute dû à la primauté culturelle que l'on donne à ce dernier. Un long apprentissage du regard est nécessaire pour apprendre à *lire* les vagues. Dès ses premiers pas en surf, le pratiquant doit assimiler une connaissance visuelle de l'océan. Ainsi, il lui faut savoir ce qu'est *une bonne vague* et une vague non exploitable. Le regard qu'il pose sur le large lui confère la possibilité de trouver le *peak*, c'est-à-dire l'endroit où la vague commence à dérouler. Une fois le lieu à atteindre visuellement identifié, il analysera la surface de l'eau au

---

1. B. Andrieu, « Du teint hâlé honni, au bronzage de rigueur », dans *Le corps modelé*, Cerveau & psycho, n° 22, juillet-août 2007, p. 5.
2. C. Bergé, « Peau », article dans B. Andrieu, G. Boëtsch, *Dictionnaire du corps*, Paris, CNRS édition, 2008, p. 241.

bord afin de trouver les lieux de passage jusqu'au *peak*.
Ainsi, il percevra dans l'écume bouillonnante ou les zones
d'eau lissées où sont les lieux de passage, tout comme il
évaluera le courant et son sens. Il identifiera les baïnes qui
lui offriront la possibilité d'économiser de l'énergie en se
laissant porter au large. Enfin, en se situant sur terre, il
pourra se situer en prenant des points de repère afin de ne
pas trop dériver[1]. L'observation des vagues permet de
connaître leurs « consistances », c'est-à-dire si leur matière
est proche de la glace : « glassy », ou plutôt granuleuse.
Ceci influera la vitesse de la planche sur l'eau. Voir la
matière océanique qui permet de savoir si une vague est
molle ou non, selon sa façon de se déplacer, si elle creuse,
si elle ouvre, si elle ferme, si elle frise... Le regard du
surfeur sur la vague n'est pas celui du novice, son
vocabulaire en montre bien sa grande connaissance[2],
acquise après un long apprentissage pouvant prendre
plusieurs années. Du regard découle une mise en ordre
surfique de l'océan, car « l'œil est actif, mobile, sélectif,
explorateur du paysage visuel, il se déploie à volonté pour
aller au loin chercher un détail ou revenir plus prêt »[3],
c'est une perception du fond et la surface de l'eau. Ce
regard permet une projection dans l'océan et mobilise le
corps tout entier, car ce qui est perçu par l'œil a été et sera
éprouvé par le corps tout entier. C'est un regard subjectif
qui découle du croisement entre le visuel et les autres
sensations mobilisées par le surf. Avec l'oreille, l'œil
permettra d'incorporer le rythme de l'océan sur lequel,

1. A. S. Sayeux, « Les paysages vagues », art. cit.

2. *Ibid.*

3. D. Le Breton, *La saveur du monde. Une anthropologie des sens*,
Paris, Métaillé, 2006, p. 63.

comme en danse, le surfeur devra caler ses mouvements pour arriver à un degré certain d'harmonie.

> Pour apprendre à surfer on doit avoir l'œil et le pied marin. Quand on va pour apprendre à surfer... on est là à regarder avant de se jeter. – Marc –

Pour prolonger l'idée de Marc, c'est bien le corps entier qui doit être marin. Plus loin encore que le « sens marin »[1], tous ces sens mobilisés dans le surf, véritable « kaléidoscope du sensible »[2] montrent en quoi cette pratique est à envisager comme une « immersion écologique »[3]. Ce n'est plus l'individu face à la nature mais bien l'individu dans la nature dont il s'agit ici. Ainsi, cette « sensation de recouvrement par la matière »[4], voire par *les* matières, engage une transformation profonde de l'homme. Son corps bien sûr est le premier à subir ce changement, mais cette mutation se répercute aussi sur son système de valeurs. Le surfeur appartient à l'océan, il doit accepter d'être malmené, bousculé, plaqué au sol par celui-ci. En contrepartie, il aura droit à quelques secondes de descente de vague, moment intense de vitesse, de vertige et d'excitations.

La souffrance est partie constitutive du surf. L'océan peut faire penser à une machine incontrôlable dans laquelle le pratiquant est bousculé comme le décrivent certaines descriptions recueillies. Mais cela est vécu sans aucune amertume. Si l'on se fait mal, c'est que l'on a faussement

---

1. M. Peignist, « Eau vécue et sens marin », *Revue STAPS*, n° 92, De Boeck Université, 2011/2, p. 91-106.
2. A. S. Sayeux, *Surfeurs, l'être au monde*, *op. cit.*, p. 95.
3. B. Andrieu, *Bien dans l'eau. Vers l'immersion*, *op. cit.*, p. 132.
4. A. S. Sayeux, *Surfeurs, l'être au monde*, *op. cit.*, p. 101.

évalué ses capacités : l'humilité est nécessaire face à un élément naturel qui peut vous broyer à tout moment. La blessure, lorsqu'elle arrive, est donc « le prix à payer » pour les surfeurs. Pour jouer avec l'océan, il faut savoir à certains moments « payer sa dette ». C'est alors le sacrifice, le don de soi passant par une maltraitance du corps pour atteindre le plaisir, qui se manifeste directement dans la chair. Bien ou mal surfer, c'est finalement arriver à faire corps ou non avec les éléments.

Nombreux sont les marquages du corps engendrés par la pratique. Loin d'être dénigrés, ils sont signes d'appartenance à une identité collective. Ils sont preuves du sacrifice des pratiquants [1]. Proches des scarifications, ces marques disposent de fonctions similaires : « Scarification, déprimée ou en relief, tatouage (du "tatatau" de Tahiti) et peinture consiste à faire passer sur la face visible de la peau, à partir du symbolique social, les traces contenues dans la face cachée (même si cet accès à la visibilité signe leur perte). » [2]. Ces traces corporelles servent de mémorandum au surfeur. De la surface du corps à sa profondeur, l'océan s'inscrit dans leur anatomie. Nombreuses sont les cicatrices, tous comme les hématomes, les usures de la peau, les crevasses, les cheveux décolorés ou les dents cassées. Au bout de quelques années de pratique, l'exostose du conduit auditif peut apparaître. L'oreille se transforme alors par le contact régulier avec l'eau froide. La musculature se modifie. Le haut du corps est surdéveloppé par rapport au bas, lui donnant une forme générale triangulaire. Pour certains pratiquants, ces modifications sont la preuve d'une hybridation entre un corps humain et

1. A. S. Sayeux, *Surfeurs, l'être au monde, op. cit.*, p. 90.
2. J. Maertens, *Ritologiques I. Le dessein sur la peau*, Paris, Aubier, 1978, p. 32.

un corps marin. Leur imaginaire renvoie à un bestiaire marin où la maladie de l'oreille du surfeur, en bouchant le conduit auditif, transforme l'oreille en ouïe de poisson. Certains, remarquant une couche graisseuse qui se fixe sur le haut du corps en hiver, s'imaginent hommes-cétacés qui, grâce à cette nouvelle masse, gagnerait en flottabilité. Ces modifications, dans les fantasmes de nombreux surfeurs, sont la preuve d'une nature qui pénètre profondément et matériellement le corps. Ces transformations physiques prouvent alors l'engagement du surfeur dans sa pratique à travers son degré d'immersion dans la nature.

Nous avons introduit notre propos par cette affirmation : n'est surfeur que celui qui connaît à travers son corps l'océan. Nous avons dévoilé en quoi la connaissance du surf passe par le corps jusqu'à le marquer profondément. Pour les pratiquants, la sensation est la valeur intrinsèque du surf, s'accommodant mal de l'éthique prescriptive fédérale. Cette valeur offre aux individus un sentiment d'appartenance à une communauté éphémère certes, mais partageant les mêmes codes culturels et normes. Les règles coutumières, bien présentes, ne sont pas pourtant pas figées dans des injonctions inébranlables. Bien au contraire, la particularité de celles-ci est leur adaptabilité à l'environnement sensible auquel appartient le surfeur. Ici donc un mode alternatif proposant une autre éthique sportive, où écouter les éléments et écouter son corps est la règle. Cette valeur sensation propose un rapport au monde où l'entendre, le sentir, le goûter, le voir, le toucher [1] font la maîtrise et l'éthique de la pratique. Le surfeur crée son univers propre à travers sa connaissance remarquable de l'environnement naturel et corporel.

---

1. Le surf ne se réduit bien entendu pas aux seuls cinq sens, nous avons ici développé les plus courants.

OTTO J. SCHANTZ

LE MOUVEMENT PARALYMPIQUE : UNE CONTRIBUTION À L'*EMPOWERMENT* DES PERSONNES EN SITUATION DE HANDICAP ?

Empowerment for the most impaired athletes is still a dream [1].

INTRODUCTION

Le concept de l'*empowerment* trouve ses origines dans le mouvement des droits civiques aux États-Unis et la pédagogie des opprimés de Paolo Freire [2] en Amérique du Sud. Il fut ensuite développé dans le monde du travail social et aujourd'hui on l'utilise dans de nombreux domaines comme la psychologie, le management ou la santé [3]. Bien que ce soit un concept assez flou et polysémique, la plupart des auteurs s'accordent sur le principe que l'*empowerment*

---

1. David P. Howe, *The cultural politics of the Paralympic movement through an anthropological lens*, London, New York, Routledge, 2008, p. 152.

2. P. Freire, *Pedagogy of the oppressed*, New York, The Seabury Press, 1970.

3. Dans les pays francophones, notamment au Canada on trouve aussi le néologisme *capacitation* pour traduire le terme anglais.

vise une conduite autonome de la vie d'un individu ou d'une communauté[1]. Il s'agit de dépasser l'état de la dépendance et du manque de pouvoir, afin d'utiliser toutes les espaces et ressources disponibles pour se prendre en charge soi-même et de réaliser ses intérêts objectifs de manière libre et indépendante. Selon les interprétations et les utilisations l'accent peut être mis sur l'*empowerment* individuel ou collectif, sur le processus d'accès au pouvoir ou de la création d'un contre-pouvoir.

Communément le sport est considéré comme un des moyens privilégiés afin d'aider les personnes en situation de handicap à se prendre en charge et d'améliorer leur autonomie. Plusieurs études démontrent des effets bénéfiques d'une pratique sportive sur certains facteurs contribuant à l'*empowerment* des personnes en situation de handicap[2]. Il n'est alors pas étonnant que le Comité International Paralympique (CIP) qui organise avec les Jeux paralympiques le plus grand événement sportif pour athlètes handicapés estime que son rôle principal est de créer des conditions qui permettent l'*empowerment* de ces athlètes[3].

Dans les réflexions qui suivent, nous allons questionner et déconstruire les opinions et les perceptions que l'on

1. *Cf.* J. Rappaport, « Terms of Empowerment/Exemplars of Prevention : Toward a Theory for Community Psychology », *American Journal of Community Psychology* 15 (1987) 2, p. 121-148.
2. M. Sørensen « Integration in sport and empowerment of individuals with Disability », *European Bulletin of Adapted Physical Activity* 2 (2003) 2. Y. Hutzler, « The concept of empowerment in rehabilitative sports », in *Adapted physical activity : An interdisciplinary approach*, G. Doll-Tepper, C. Dahms, B. Doll et H. von Selzam, (eds.), Berlin : Springer-Verlag, 1990), p. 43-51.
3. IPC, « Vision and Mission. », http://www.paralympic.org/IPC/Vision_Mission_Values.html (07.07.2011).

retrouve habituellement dans les discours publics sur le sport de haut niveau en nous demandant si un modèle sportif qui fait référence à des catégories de « valides » et de « handicapés » contribue à l'*empowerment* ou plutôt au *disempowerment* de la communauté des personnes en situation de handicap.

Afin qu'un groupe marginalisé et/ou opprimé puisse s'émanciper et exercer des pouvoirs en tant que membre de la société à part entier, c'est-à-dire réussir le processus d'*empowerment*, certains facteurs et conditions de bases comme l'affirmation de l'identité, l'estime de soi, la dignité et la reconnaissance par autrui doivent être développées et conquises [1]. Dans nos analyses et réflexions nous considérons les récits historiques (identité, estime de soi), les relations entre le mouvement olympique et paralympique (pouvoir – domination), la couverture médiatique et l'intérêt des spectateurs (reconnaissance) ainsi que les pratiques de classification des athlètes (dignité, estime de soi) comme indicateurs de l'*empowerment* ou du *disempowerment* des personnes en situation de handicap.

LE RÉCIT DU SAUVEUR

Dans la plupart des discours qui relatent l'origine de l'histoire du mouvement paralympique l'on raconte qu'en juillet 1948, au moment de l'ouverture des Jeux de la XIV e Olympiade à Londres, le neurochirurgien Ludwig Guttmann organisa dans son hôpital à Stoke Mandeville, non loin de la capitale britannique, une petite compétition

---

1. Par ex. N. Herriger, *Empowerment in der Sozialen Arbeit. Eine Einführung*, Stuttgart, Kohlhammer, 2006.

pour 16 vétérans de la Seconde Guerre Mondiale[1]. Ce fut la naissance des Jeux de Stoke Mandeville qui allaient devenir la plus grande compétition sportive pour des personnes en situation de handicap : les Jeux paralympiques. En effet, le docteur Guttmann joua un rôle important dans l'histoire du mouvement paralympique qui lui doit beaucoup. Dans son contact quotidien avec les grands blessés de la moelle épinière, Guttmann se rendit compte de l'impact bénéfique des activités physiques sur le psychisme et la vie sociale de ses patients. Il rêvait du jour où les jeux de Stoke Mandeville allaient devenir fameux et être l'équivalant des Jeux olympiques pour les athlètes handicapés[2].

Sans pourtant vouloir minimiser les mérites de Guttmann, il faut constater que ces récits, par le fait de se concentrer quasi exclusivement sur ce docteur bienfaiteur, négligent le rôle des personnes en situation de handicap dans l'organisation de leurs propres activités sportives[3]. Déjà vers la fin du XIXᵉ siècle des personnes atteintes de déficiences sensorielles (malvoyants et sourds) créèrent leurs premières associations sportives. En 1924, à Paris, la communauté des sourds va organiser ses premiers Jeux mondiaux pour malentendants (*International Silent Games*).

L'évolution du mouvement paralympique est à voir en parallèle avec le traitement social des personnes en situation

---

1. Par ex. Robert D. Steadward et Cynthia J. Peterson, *Paralympics. Where heroes come*, Edmonton, One Shot Holdings, 1997. S. Bailey, *Athlete first. A History of the Paralympic Movement*, Chichester, John Wiley & Sons, 2008. I. Brittain, *The Paralympic Games Explained*, London, New York, Routledge, 2010.

2. L. Guttmann, « The annual Stoke Mandeville Games », *The Cord* 2 (1949), p. 24.

3. D. Peers, « (Dis)empowering Paralympic histories : absent athletes and disabling discourses », *Disability & Society* 24 (2009), p. 656.

de handicap. En ses débuts, ce mouvement fut dominé par de stratégies de biopolitique et par le pouvoir de la profession médicale [1] qui a défini les activités physiques convenables à ces personnes. Le sport était considéré avant tout comme un moyen de réadaptation. Ce n'est que récemment qu'un changement de paradigme s'effectua en ce qui concerne le traitement des personnes en situation de handicap. Des modèles social, biosocial ou encore culturel remplacèrent peu à peu le paradigme médical qui pourtant, malgré un processus d'émancipation considérable, est toujours persistant, notamment dans le domaine des activités physiques et sportives et y compris dans le mouvement paralympique. C'est au détriment des intérêts des sportives et sportifs handicapés que le mouvement paralympique fut largement dominé par des personnes non-handicapées, généralement originaire de pays industrialisés et occidentaux.

Les discours sur les origines du mouvement paralympique sont plus des récits affaiblissants et décourageants que des contributions à l'*empowerment*. Ils soulignent la détresse et la dépendance des personnes en situation de handicap en construisant et en promouvant des personnages paternalistes et mythiques comme Ludwig Guttmann, qui par l'intermédiaire du sport réussit à aider les faibles et dépendants [2].

1. M. Foucault, « The subject and power », in *Beyond Structuralism and Hermeneutics*, H. Dreyfus, P. Rainbow (eds.), Chicago, The University of Chicago Press, 1982, p. 208-226. M. Foucault, « Le pouvoir, une bête magnifique », dans *Dits et Écrits 1954-1988*, II : 1976-1988, éd. D. Defert, Fr. Ewald, J. Lagrange, Paris, Gallimard, 2001, p. 368-382. M. Foucault, « Les mailles du pouvoir », dans *Dits et Écrits 1954-1988*, II, *op. cit.*, p. 1001-1020 ; D. Peers, « (Dis)empowering Paralympic histories », art. cit., p. 657.

2. *Ibid.*

UNE RELATION PATERNALISTE

Ce ne fut point une coïncidence que la première compétition organisée à Stoke Mandeville par Ludwig Guttmann eut lieu au même moment que les cérémonies d'ouverture des Jeux de Londres en 1948. La date fut choisie pour des raisons symboliques. Dès le début, le mouvement paralympique fut attiré par les Jeux olympiques et se battit pour obtenir le statut et la reconnaissance olympique [1]. Guttmann, tout comme beaucoup de dirigeants paralympiques, rêvait de joindre le mouvement olympique. Ils appelèrent leurs jeux, les « Jeux olympiques pour les paralysés », « Jeux olympiques pour les handicapés », « *Torontolympiad* » et finalement « Jeux paralympiques » ; des dénominations qui illustrent bien les aspirations olympiques.

D'après le discours officiel du mouvement paralympique, le terme « Paralympique » est une combinaison des mots « *parallel* » et « *olympics* » et les Jeux paralympiques sont des jeux parallèles aux Jeux olympiques [2]. Est-ce qu'il s'agit vraiment de jeux parallèles comme le prétend l'interprétation officielle du mouvement paralympique ? Afin de comprendre la relation difficile entre les mouvements olympique et paralympique il s'avère être utile de regarder les fondements idéologiques de l'Olympisme et du Paralympisme. En effet, les raisons de leur création et les idéaux d'origine de ces deux mouvements sont assez différents. D'après son fondateur Pierre de Coubertin,

1. J. Scruton, *Stoke Mandeville. Road to the Paralympics*, Brill, Peterhouse Press, 1998, p. 88.
2. Pourtant, à l'origine la notion de « Paralympique » était un amalgame de « paraplegic » et « Olympics ». *Cf.* I. Brittain, *Paralympic Games*, London, Routledge, p. 15.

l'Olympisme est basé sur des valeurs éducatives comme
l'harmonie entre corps et esprit, la volonté, le *fair-play*, le
respect mutuel etc. Il vise l'universalisme, la paix mondiale
et la compréhension mutuelle ; il inclut les arts et l'esthétique.
Coubertin regardait le sport comme un moyen éducatif et
à ses origines le mouvement olympique s'était fondé sur
des valeurs fondamentales éducatives et éthiques.

Le mouvement paralympique a une tradition plus
pragmatique. Il ne connaît pas de valeurs éducatives,
idéologiques ou éthiques. Sir Ludwig Guttmann, « le
Coubertin des paralysés » comme l'appela le pape
Jean XXIII[1], considérait le sport avant tout comme un
moyen de réhabilitation et d'intégration sociale pour des
personnes en situation de handicap. Son objectif était de
transformer « les personnes sévèrement handicapées en
contribuables »[2]. C'est le paradigme médical qui dominait
le sport pour ces personnes lorsque Guttmann était le
dirigeant de ce mouvement sportif. Ce n'est que dans les
années 1990 que ce mouvement changea de paradigme
pour adapter peu à peu le model au modèle spectacle et
s'aligna sur la logique du mouvement olympique.

Malgré les efforts pour augmenter son capital symbolique
et le transformer en capital économique, il ne va
probablement jamais atteindre le prestige et le succès du
mouvement olympique. Le produit offert par le CIO
correspond mieux au consommateur typique du sport
spectacle. Aujourd'hui, les jeux olympiques sont un mega-
spectacle médiatisé mondialement qui offre des récits

1. S. Bailey, *Athlete first : A History of the Paralympic Movement*,
op. cit., p. 24.
2. J. Anderson, « Turned into Taxpayers : Paraplegia, Rehabilitation
and Sport at Stoke Mandeville, 1944-1956 », *Journal of Contemporary
History* 38 (2003), p. 473.

captivants et des valeurs universellement acceptables, accompagnés d'images émouvantes d'athlètes jeunes, beaux, dynamiques, gracieux et sains. Le CIO vend le mythe d'un événement sportif capable de créer un monde paisible et meilleur par une éducation olympique. Le mouvement paralympique par contre est toujours un mouvement communautaire, lié par une identité et une culture commune basée sur l'expérience du handicap. Le produit offert par le CIP est très différent de celui vendu par le CIO et les consommateurs sont moins avides de l'acheter. Le consommateur moyen associe le sport aux notions de santé, vitalité, capacité, dynamique, force et indépendance, tandis que le handicap est encore souvent, de manière stéréotypée, lié aux labels de maladie, invalidité, incapacité, inertie, faiblesse et dépendance. Le territoire du champion olympique est le stade, celui associé à la personne handicapée est l'institution spécialisée ou l'hôpital[1]. C'est probablement aussi l'une des raisons pour laquelle de nombreux sponsors ne sont pas prêts à investir dans le sport paralympique.

Les attitudes envers le mouvement paralympique sont généralement ambiguës : d'un côté on admire la volonté et les prouesses des athlètes paralympiques et les considère comme des héros qui ont surmonté leurs sorts difficiles ; d'autre part on éprouve de la pitié pour ces sportifs et sportives. Les Jeux olympiques constituent une sorte de darwinisme social dans les arènes sportives, les Jeux paralympiques par contre, évoluent dans une espace de liminalité logés dans un entre-deux[2]. Ils ne font pas vraiment

---

1. *Cf.* E. Goffman, *Stigma : Notes on the Management of Spoiled Identity*, Englewood Cliffs, NJ, Prentice-Hall, 1963.

2. Robert F. Murphy, *The Body Silent*, New York, London, W.W. Norton, 1987.

partie du sport-spectacle professionnel et féroce, mais ils ne sont pas non plus un téléthon, un événement charitable. Pourtant, le mouvement paralympique ne semble pas utiliser le potentiel créateur qui caractérise en général les stades de liminalité[1]. Il tend plutôt à copier son grand frère, le mouvement olympique, et risque ainsi de rester une copie pâle et faible, toujours à l'ombre de l'original.

En propageant et en perpétuant des standards de beauté physique, de fitness et la logique de la performance absolue, les Jeux olympiques contribuent à exclure des personnes en situation de handicap. Ils encouragent une vue du monde « ableist » qui fait référence aux personnes capables (able), sans handicap, comme étant la norme sociétale. Le fossé (gap) entre les deux Jeux et les deux mouvements est plus large que les dirigeants des deux organisations ne veulent le faire croire. Les Jeux olympiques et les Jeux paralympiques se trouvent en opposition binaire et hiérarchique. Tant que la logique de la performance absolue va dominer dans le sport, tous ceux qui ne font pas partie des catégories du plus haut niveau se trouvent à la marge. Le sportif et plus encore les sportives paralympiques sont et seront considérés comme athlètes de deuxième classe. Ils vont être les perdants dans un monde sportif qui est fondé sur le marché et l'entreprise libre[2].

1. *Cf.* V. Witter Turner, *The Ritual Process : Structure and Anti-structure*, Chicago, Aldine Publisher, 1969. A. van Gennep, *The Rites of Passage*, Chicago, University of Chicago Press, 1960.
2. P. Kell, M. Kell, N. Price, « Two Games One Movement ? The Paralympic Versus the Olympic Movement », in *The Paralympic Games. Empowerment or Side Show ?*, K. Gilbert, Otto J. Schantz (eds.) Maidenhead, UK, Meyer & Meyer, 2008, p. 165.

LE RÊVE DE L'INTÉGRATION ET SA FIN

Une analyse des liens entre les mouvements paralympique et olympique en termes de rapport de pouvoir et de domination montre que le processus d'*empowerment* a été étouffé. Effectivement, tout au long de cette relation, le marginal mouvement paralympique fut dominé et contrôlé par le gigantesque et prospère mouvement olympique.

En 1957, le CIO attribua aux Jeux de Stoke Mandeville la coupe Fearnley pour leurs mérites au service du mouvement olympique. Lors de la remise de ce prix, dans son mot de remerciement, Ludwig Guttmann exprima son rêve de voir un jour des athlètes handicapés participer aux Jeux olympiques[1]. Et en effet, les liens entre les deux mouvements se ressèrent de plus en plus. En 1960, les Jeux de Stoke Mandeville se déroulèrent pour la première fois, à quelques semaines d'intervalle, dans la même ville que les Jeux olympiques. Ces jeux de Rome sont considérés comme étant les premiers Jeux paralympiques. Quatre ans après le décès de Ludwig Guttmann, son rêve se réalise au moins partiellement : le CIO inclut dans le programme des Jeux olympiques de 1984 à Los Angeles et à Sarajevo des épreuves pour des athlètes handicapés à titre de démonstration. Deux épreuves, une course de 1500 m pour des sportifs et de 800 m pour des sportives en fauteuil, vont être maintenues dans le programme olympique jusqu'aux jeux d'Athènes en 2004. Les épreuves de ski pour athlètes handicapés n'auront lieu qu'on 1984 et 1988. Hélas, cette intégration d'épreuves de démonstration dans le programme olympique ne fut pas gratuite. Lors d'une

---

1. J. Scruton, *Stoke Mandeville. Road to the Paralympics*, Brill, Peterhouse Press, 1998, p. 80.

réunion avec des représentants du mouvement paralympique, Samaranch, le président du CIO de l'époque, interdit au mouvement paralympique d'utiliser le terme « olympique ». En compensation il offrit, en plus d'une aide financière de 10 000 à 20 000 US$, la possibilité d'organiser des épreuves de démonstration lors des Jeux olympiques [1]. En 1988 le mouvement paralympique se voit aussi interdire par le CIO l'utilisation de son emblème, les cinq *Tae-Geuk*, ou gouttes de larmes. Arrangés de la même manière et ayant les mêmes couleurs que les anneaux olympiques, le management du CIO estima que la ressemblance était trop grande et pourrait alors prêter à confusion. Depuis 2008, il n'y a plus d'épreuves de démonstration pour athlètes handicapés dans le programme olympique, mais des contrats règlent une étroite collaboration dans l'organisation des deux Jeux. Grâce à ces contrats qui lui permettent aussi un accès à des ressources financières qui dépassent largement les dimensions connues dans le passé, le mouvement paralympique connait actuellement une situation relativement confortable et prospère. Mais cette prospérité n'est pas non plus sans contrepartie. Pour arriver là, le mouvement paralympique dut abandonner sa lutte en faveur de l'intégration au sein du mouvement olympique. Certes, les différents contrats entre les CIO et le CIP favorisèrent un rapprochement et aidèrent à la promotion et à la reconnaissance du mouvement paralympique, mais en même temps ils scellèrent la séparation entre les deux mouvements. Bien qu'ils aient lieu aux mêmes endroits, à peu de temps d'intervalle, il s'agit de deux jeux bien distincts, dont les uns monopolisent l'attention publique

---

1. S. Bailey, *Athlete first : A History of the Paralympic Movement*, *op. cit.*, p. 47.

et les autres se trouvent plus ou moins à la marge. Le CIO qui dans sa charte promeut un sport « sans discrimination aucune »[1] exclut finalement les athlètes handicapés de ses jeux.

L'AMBIGUÏTÉ DE LA PERCEPTION PUBLIQUE

Actuellement les Jeux paralympiques sont le deuxième évènement multisports dans le monde. Depuis 1988, l'intérêt des médias pour cet événement se développe considérablement. Pourtant des études montrent que sa couverture médiatique est toujours beaucoup moins importante que celle des Jeux olympiques[2]. C'est surtout jusqu'aux années 1990 que les journaux présentèrent les personnes en situation de handicap de manière stéréotypée, y compris les athlètes paralympiques. Même encore de nos jours, il n'est pas rare de trouver ce type de journalisme[3].

Les travaux sur la couverture médiatique des Jeux paralympiques montrent que les athlètes sont souvent présentés comme victimes de leur sort, comme différents

1. CIO, Charte Olympique, Lausanne 2007, 11.
2. O. Schantz, K. Gilbert, « An ideal misconstrued : Newspaper coverage of the Atlanta Paralympic Games in France and Germany », *Sociology of Sport Journal* 18 (2001), p. 69-94. Lee Ann B. Schell, S. Rodriguez, « Subverting bodies/ambivalent representations : media analysis of Paralympian, Hope Lewellen », *Sociology of Sport Journal* 18 (2001), p. 127-135.
3. Par exemple Clayton E Keller, Daniel P. Hallahan, Edward A. McShane, Paula E. Crowley, Barbara J. Blandford, « The coverage of persons with disabilities in American newspapers », *The Journal of Special Education* 24 (1990), p. 271-282. J. Shapiro, *No Pity, People with disabilities forging a new civil rights movement*, New York, Broadway Books, 1994. Ronald K. Yoshida, L. Wasilewski, Douglas L. Friedman, « Recent newspaper cover-age about persons with disabilities », *Exceptional children* 56 (1990), p. 418-423.

ou autres[1]. Les Jeux paralympiques et avec eux les participants de ces Jeux se retrouvent ainsi marginalisés[2]. Les commentaires spécifiques au sport, concernant les règles, la tactique ou les capacités physiques, tels qu'on les trouve habituellement dans les pages sportives, sont plutôt rares quand les journaux parlent des jeux paralympiques[3]. D'autre part, les journalistes adoptent souvent des attitudes qui infantilisent les athlètes[4]. Pour caractériser des performances extraordinaires on utilise le stéréotype du « super-crip », du héros handicapé[5]. Pourtant, cette image du « super-handicapé » ne sert en rien l'émancipation de la grande masse des personnes en situation de handicap, comme il suggère que ce sont les performances extraordinaires de ces personnes qui méritent uniquement le respect[6].

Comme les athlètes paralympiques ne correspondent en général pas aux valeurs socialement construites que l'on attribue aux sportifs de haut niveau, qui représentent la force physique, la virilité et l'attrait érotique[7], ils suscitent peu d'intérêt auprès des médias et du grand public[8]. Les sportives paralympiques souffrent d'une triple discrimi-

1. L. A. Schell et M. Duncan, « A Content Analysis of CBS's Coverage of the 1996 Paralympic Games », *Adapted Physical Activity Quarterly*, 1999, 16/1, p. 27.

2. O. J. Schantz et K. Gilbert, « An Ideal Misconstrued: Newspager Coverage of the Atlanta Paralympic Games in France and Germany », *Human Kinetics Journals*, 2001, 18/1, p. 69, 84.

3. M.C. Duncan, « A hermeneutic of spectator sport : The 1976 and 1984 Olympic Games », *Quest* 38 (1986), p. 50-77.

4. L. A. Schell et M. Duncan, « A Content Analysis of CBS's Coverage of the 1996 Paralympic Games », art. cit.

5. *Ibid.*

6. J. Shapiro, *No Pity, op. cit.*

7. *Cf.* par exemple D. Rowe, *Sport, culture and the media. The unruly trinity*, Buckingham, PH, Open University Press, 1999.

8. Karin P. DePauw, « The (In)Visibility of DisAbility : Cultural contexts and "sporting bodies" », *Quest* 49 (1997), p. 421.

nation, car souvent elles ne répondent ni à l'image de l'athlète physiquement indemne et capable, ni à la virilité des sportifs, ni au sex-appeal de la plupart des sportives olympiques[1].

Les recherches montrent aussi que les différents types de handicap sont représentés de façon inégale dans les médias qui ont une certaine préférence pour les images stéréotypes (personnes en fauteuil, handicap physique). Les catégories les moins « présentables » sont les déficiences sensorielles et intellectuelles ainsi que les infirmités motrices cérébrales[2].

Les travaux sur les spectateurs aux Jeux paralympiques sont extrêmement rares ; les peu qui existent suggèrent une grande hétérogénéité des motivations et des perceptions de ces spectateurs. Pour certains spectateurs, ces Jeux sont plus purs et plus émotionnels que les Jeux olympiques hyper-commercialisés ; d'autres viennent aux jeux paralympiques comme ersatz des jeux olympiques pour lesquels ils ne purent obtenir ou payer des billets d'entrée[3]. D'autres encore vont voir ces jeux par curiosité et se

1. Karin P. DePauw, « A feminist perspective on sport and sports organizations for persons with disabilities », *Vista '93 – The outlook*, Robert D. Steadward, Ewen R. Nelson, Gary D. Wheeler (eds.), Edmonton, Alberta, Rick Hansen Centre, 1994, p. 467-477. C. Sherill, « Paralympic Games 1996 : Feminist and other concerns : What's your excuse ? », *Palaestra* 13 (1997), p. 32-38. Schell et Duncan, « A content Analysis. »
2. Schell et Duncan, « A content analysis » 44.
3. F. Reichhart, A. Dinel, Otto J. Schantz, « Spectating at the Paralympic Games : Athens 2004 », *in* K. Gilbert, Otto J. Schantz (eds.), *The Paralympic Games. Empowerment or Side Show ?*, Maidenhead, UK, Meyer & Meyer, 2008, p. 66.

comportent comme aux spectacles de foires d'antan où l'on exposait des monstres humains (*freak-shows*)[1].

La médiatisation discrète et encore souvent stéréotypée ainsi que l'intérêt faible du public peut être ressenti comme l'expression d'un manque de reconnaissance du mouvement paralympique par l'opinion publique. Ceci ne contribue pas à augmenter l'estime de soi des athlètes handicapés. S'ils profitent d'un certain respect et d'une certaine attention ce n'est généralement que pour la courte période des Jeux. Quelques rares athlètes paralympiques comme Oscar Pistorius, « l'homme le plus rapide sans jambes », peuvent attirer l'attention publique sur une période plus longue. Mais ils doivent cet intérêt moins à leurs exploits sportifs qu'à leur statut de cyborg qui suscite de vives discussions publiques.

DES CLASSIFICATIONS HUMILIANTES

Quoi de plus dégradant pour des êtres humains que d'être classés dans des catégories hiérarchiques, non pas sur la base du mérite ou de fautes personnelles, mais sur la base de traits innés ou acquis par hasard. Nous avons déjà mentionné la classification binaire en athlète olympique et paralympique qui est en contradiction avec les efforts actuels d'inclure les personnes en situation de handicap dans tous les domaines de notre société comme membres à part entière.

La classification dans des catégories à l'intérieur du mouvement paralympique est un des plus grands problèmes de ce mouvement, et tel qu'elle se présente actuellement,

---

1. Otto J. Schantz, « Spectators at the Sydney 2000 Paralympics : A Field Study » (paper presented at the 14th International Symposium of Adapted Physical Education, Seoul, Korea, August 4-7, 2003).

elle cause beaucoup de mécontentement. Afin de garantir des compétitions intéressantes et égalitaires, les fédérations sportives classent les athlètes selon leur potentiel sportif. Ces classements en ligues, en catégories de poids ou de niveau technique peuvent être considérés comme spécifiques au sport et nécessaire pour garantir une confrontation égalitaire. Des classifications sur la base de proxy-variables comme l'âge, le sexe, la couleur de peau ou le fait d'être considéré comme handicapé ou non, deviennent souvent des actes politiques qui mènent vers la ségrégation et qui généralement sont discriminatoires et contraires à l'*empowerment*.

La classification d'êtres humains sur la base de leurs capacités ou incapacités peut être considérée comme inhumaine, aliénante ou humiliante. Selon l'anthropologue et ancien athlète paralympique David Howe, le processus de la classification « is an alienating experience, as each time a different set of individuals determines whether your body fits into the textbook of carnal typology that is acceptable to those who govern the particular element of Paralympic sport that the athletes wish to be a part »[1]. La classification peut être vue comme une forme perfide de gouvernementalité des corps athlétiques, une technologie de domination du corps[2].

Depuis que le CIP essaie d'imiter le grand CIO en essayant d'augmenter la valeur médiatique et économique de ses Jeux, il promeut la classification fonctionnelle qui propose de classer les athlètes non pas selon leurs défic- iences, mais en fonction de leur potentiel sportif. L'intention

---

1. David P. Howe, *The cultural politics of the Paralympic movement through an anthropological lens*, London, Routledge, 2008, p. 71.
2. M. Foucault, « Subject and power » ; « L'extension sociale de la norme », dans *Dits et Écrits 1954-1988*, II : 1976-1988, *op. cit.*, p. 74-79.

de cette classification fonctionnelle intégrée, est de réduire le nombre des classes afin de rendre les Jeux paralympiques plus transparents et plus intéressants pour les spectateurs et les médias. Pourtant cette manière de classer ne convient pas forcément à la communauté des athlètes [1]. Surtout ceux qui ont une déficience grave se trouvent exclus, comme ils ne correspondent pas à la logique commerciale d'un événement spectaculaire. En remplaçant une logique qui valorisait l'égalité des chances et la participation plus que la performance par une logique du sport de haut niveau, le CIP exclut une grande partie de la communauté des personnes en situation de handicap. Les Jeux olympiques, la plus grande vitrine du sport de haut niveau, excluent les athlètes paralympiques de haut niveau, et les Jeux paralympiques, la plus grande vitrine du sport pour des athlètes handicapés excluent les athlètes qui ne correspondent pas à leur agenda commercial. Cette situation ne contribue ni à l'*empowerment* des athlètes qui se considèrent eux-mêmes comme des athlètes de haut niveau d'abord, ni de ceux qui cherchent le plaisir de pratiquer du sport et de compéter au sein de la communauté internationale des personnes en situation de handicap.

CONCLUSION

Sans doute, au niveau individuel, le sport peut contribuer à l'*empowerment* de certains athlètes qui réussissent dans le sport ; il peut les aider à sortir de leur « ghetto du

---

1. *Cf.* David P. Howe, C. Jones, « Classification of disabled athletes : (dis)empowering the paralympic practice community », *Sociology of Sport Journal* 23 (2006), p. 29-46.

handicap » [1]. Pourtant, ces sportives et sportifs ne sont qu'une petite minorité de la population des personnes en situation de handicap ; ce sont les super-handicapés (« super-crips »), et il y a seulement un petit pourcentage des personnes en situation de handicap qui vont les contempler comme modèle à suivre.

Deux Jeux séparés risquent de renforcer et de cimenter le clivage entre les athlètes olympiques et paralympiques, ou comme Goggin and Newell l'expriment, « the existence of a special event for people identified as having disability is a painful reminder of inequity and injustice, and its presence perpetuates the discourse of "special needs" and "special events" » [2].

Aussi longtemps que le sport de haut niveau ne change pas sa logique de la recherche de la performance absolue, il sera utopique de penser que les Jeux paralympiques qui doivent se contenter d'exploits relatifs vont devenir des jeux parallèles aux Jeux olympiques. Le niveau du jeu et le niveau des performances du sport paralympique vont toujours être comparés aux standards des sports olympiques. Sans changement radical, il y aura toujours les jeux « glamour » de première classe pour l'élite athlétique et les jeux de deuxième classe pour les courageux paralympiens qui ont su surpasser leur « terrible sort ».

1. Stephen J. Page, Edmund O'Connor, K. Peterson, « Leaving the disability Ghetto. A Qualitative Study of Factors Underlying Achievement Motivation Among Athletes With Disabilities », *Journal of Sport & Social Issues* 25 (2001), p. 40-55. *Cf.* Chin-Ju Huang, I. Brittain, « Negociating Identities Through Disability Sport », *Sociology of Sport Journal* 23 (2006), p. 352-375.

2. G. Goggin, C. Newell, *Disability in Australia. Exposing a social apartheid*, Sydney, University of New South Wales Press, 2005, p. 81.

Dans notre société friande du spectacle sportif et obsédée par l'apparence physique, la prouesse physique devient souvent un indicateur pour la valeur d'une personne, non seulement dans le sport mais aussi dans d'autres domaines. En séparant le sport d'élite dans une catégorie pour athlètes « valides » et athlètes « handicapés », nous risquons de perpétuer l'image de la personne en situation de handicap qui vaut moins qu'une personne non-handicapée et d'aller ainsi à l'encontre de l'*empowerment* de la communauté des personnes en situation de handicap.

La convention relative aux droits des personnes handicapées de l'Organisation des Nations Unies de 2006 rappelle et réaffirme que les droits communs à tous les hommes s'appliquent entièrement aux personnes en situation de handicap et qu'ils doivent donc leur être garantis dans tous les domaines de la société. Dans la plupart des états de notre planète il y a une forte volonté politique de mettre en pratique cette convention de l'ONU et d'œuvrer en faveur de l'inclusion sociale de ces personnes. Un des seuls domaines où l'exclusion de ces personnes ne semble pas être mise en question est le sport de haut niveau. Serait-il un jour possible de démolir ce bastion de traitement inégal des personnes en situation de handicap et de rendre le sport de haut niveau accessible pour des compétitions inclusives ? Ou est-ce que la logique du sport s'oppose à tout effort d'inclusion ?

Si on demande à Marla Runyan ce qui à été son plus grand triomphe sportif, elle va probablement ne pas mentionner ses cinq médailles d'or paralympiques, mais sa huitième place en finale des 1500 m lors des Jeux olympiques à Sydney. En tant que participante aux Jeux olympiques, elle est reconnue comme sportive de haut niveau à part entière, ce qui est une condition fondamentale du processus de l'*empowerment*.

La logique du sport spectacle, du sport d'élite ne connait pas de catégories, c'est l'absolu, le superlatif qui compte, le plus vite, le plus haut, le plus fort. Tous ceux qui ne rentrent pas dans ces critères sont les perdants sur le marché de l'attention public, à moins qu'ils ne puissent compenser leur faible capital de performances absolues par d'autres facteurs médiatiques comme la beauté ou la séduction. Pourtant, en modifiant les règles et/ou l'équipement sportif, même les compétitions olympiques peuvent davantage être rendues accessibles aux athlètes en situation de handicap[1]. Ainsi par exemple, le fait de rajouter un signal optique au signal acoustique pour donner le départ en natation a permis à gommer le handicap d'un nageur ayant une déficience auditive lors de sa participation aux Jeux olympiques de Sydney. Pourquoi ne pas considérer le fauteuil roulant comme un équipement sportif, tout comme la bicyclette, et introduire des courses en fauteuil pour tous, indépendamment d'une catégorisation en personnes handicapées et non-handicapées ? Il y a de nombreux sports et disciplines sportives qui pourraient être rendus accessibles à des personnes handicapées, comme le développé couché en *power lifting*, le tir, certaines classes de bateaux en voile, le tandem en cyclisme etc.[2].

1. Otto J. Schantz, « Compatibility of Olympism and Paralympism : Ideal and reality », in *Disabled Sport : Competition and Paralympic Games. Proceedings of the IVth Olympic Forum Barcelona*, November 2001, CD ed. Barcelona Olympic Foundation, Barcelona, Barcelona Olympic Foundation, 2001.

2. Otto J. Schantz, « Compatibility of Olympism and Paralympism. », art. cit.

C'est en améliorant l'accès aux sports par des mesures d'accommodation et d'adaptation des équipements et/ou des règles que l'on peut promouvoir l'inclusion des sportives et sportifs en situation de handicap et favoriser leur *empowerment*[1]. Toute sorte de catégorisation risque de créer de structures hiérarchiques et hégémoniques et finalement marginaliser certains groupes non conformes à un modèle de sport qui, somme toute, ne valorise vraiment que la performance absolue. Le fait d'avoir deux Jeux, les uns pour les athlètes paralympiques, les autres pour les athlètes olympiques promeut une vision qui rabaisse les uns et considère les autres comme la norme d'excellence.

Le CIO et les fédérations internationales sportives devraient veiller à améliorer considérablement l'accessibilité aux sports de haut niveau afin de permettre une participation « sans discrimination aucune » telle qu'elle est stipulée par la Charte olympique[2]. Le CIO en tant que mouvement qui se veut universel ne peut pas se permettre d'exclure et de discriminer une grande partie de l'humanité. Le CIP devrait conserver et développer les Jeux paralympiques comme vitrine d'une culture sportive alternative pour les personnes en situation de handicap, mais se rappeler ses objectifs principaux qui étaient l'intégration et l'inclusion au sein du mouvement sportif. Il devrait éviter de copier les Jeux olympiques qui comme simple copie qui risque toujours être moins valorisée dans l'opinion publique que l'original.

Depuis Rousseau, en passant par Hegel, Georges Mead et récemment Axel Honneth, les philosophies sociales considèrent la reconnaissance mutuelle comme la dimension

---

1. Otto J. Schantz, « Compatibility of Olympism and Paralympism. », art. cit.

2. CIO, Charte, 11.

centrale de notre évolution sociétale [1]. Malgré les progrès faits dans le traitement des personnes en situation de handicap dans le domaine du sport, ni les médias, ni les spectateurs, ni le CIO, ni l'IPC lui-même n'ont vraiment contribué à une véritable reconnaissance mutuelle, à hauteur égale entre le mouvement sportif des personnes handicapées et le mouvement olympique. En créant deux catégories hiérarchiques, ils freinent l'*empowerment* des athlètes handicapés et ils risquent de nuire à toute la communauté des personnes en situation de handicap en perpétuant une catégorisation de notre société en individus « valides » et « handicapés ».

Pourtant, le sport olympique et le sport de haut niveau pour les personnes handicapées ne sont pas incompatibles. Mais une véritable inclusion durable des athlètes handicapés dans la logique du sport de haut niveau demande des efforts pour élargir au maximum les possibilités d'accès pour que ces athlètes puissent trouver des activités dans lesquels ils peuvent être compétitifs au plus haut niveau. Pour arriver là, ceux qui incluent et ceux qui sont inclus doivent faire des efforts communs.

1. A. Honneth, « Kampf um Anerkennung. Zur moralischen Grammatik sozialer Konflikte. », Frankfurt a. M., Shurkamp, 1994.

au moyen de doctrines classiques du panthéon philosophique (de la philosophie hellénistique notamment, telle que renouvelée par P. Hadot et M. Foucault au début des années 1980, jusqu'au spinozisme, au pragmatisme et à l'existentialisme), dans une assez frappante déconnexion à l'égard d'autres travaux précurseurs des sciences sociales sur la question de la réalisation de soi dans le sport (Ehrenberg, *Le culte de la performance*, 1991 ; Le Breton, *Corps et société*, 1985, et *Passions du risques*, 1992 ; pour ne citer que les plus marquants). Or si l'on cherche à examiner les modalités selon lesquelles cet objet de philosophie sociale massif et foisonnant que sont les APS offre des ressources à l'individu dans un procès de réalisation de soi, il existe plusieurs méthodes et plusieurs stratégies. Premièrement, en se situant sur le plan des échanges intersubjectifs, et en observant les APS dans leur dimension à la fois évènementielle et sociale (la "partie", le "match", la "rencontre"), on peut insister sur la dimension ludique de la psychogénèse et de l'ontogénèse, en décrivant les sports comme des *jeux* au cours desquels il y a construction d'un soi par introjection des points de vue des autres joueurs, introjection d'un « autrui généralisé » (G. H. Mead, qui prend comme paradigme le baseball, dans *L'esprit, le soi, la société*) ; on peut décrire les sports comme un champ autonome qui assure à ses protagonistes des classes moyennes et supérieures la distinction d'une activité scolastique, et qui offre aux autres la possibilité d'une transformation d'un capital corporel en capital social (Bourdieu) ; on peut encore les décrire comme des machines à conquérir des *victoires*, définies soit comme des épreuves ordaliques couronnées de succès (Le Breton), soit comme des formes de reconnaissance objectivée, dans le cadre d'une économie de l'estime (Brennan et Pettit).

Deuxièmement, en se situant sur le plan de l'individu dans sa relation au pouvoir, et en observant les APS dans la dimension à la fois régulière et personnelle des exercices et de l'entraînement, on peut décrire les sports comme des *techniques de soi*, « un apprentissage de soi par soi » (Foucault), une forme d'exercice spirituel (Hadot), comme cela a été le cas de plusieurs travaux marquants (au premier chef desquels se place l'ouvrage collectif de Moreau et Taranto publié chez Vrin en 2008). Dans le premier cas la subjectivité émerge de l'intersubjectivité, dans le second elle n'est que le corrélat d'un travail de subjectivation passant par les techniques concrètes de l'exercice et de l'entraînement.

Cependant, le point commun de ces stratégies est qu'elles présupposent une notion de subjectivité *pratique*, ce qui s'explique naturellement par le fait que l'on a affaire à des « *activités* » physiques et sportives, incarnées et situées socialement, qui précisément peuvent être commuées en *des pratiques*. Or il convient d'explorer avec circonspection l'hypothèse selon laquelle ces activités permettraient à l'individu la maîtrise d'une gamme d'*expériences perceptives*, offrant ainsi des ressources pour une subjectivation d'ordre *épistémique*. Autrement dit, les individus, en pratiquant le yoga, le qi-gong, la marche, le handball, la boxe, la course d'orientation ou l'escalade – c'est tout à fait délibérément que sont mêlées ici des pratiques *physiques* et des pratiques *sportives* – ne viendraient pas seulement enrichir le « répertoire de leur conduites motrices » (Parlebas) mais s'élaboreraient eux-mêmes comme des sujets d'*expériences perceptives* spécifiques. C'est finalement une façon de faire droit, dans les termes d'une philosophie de la perception, à l'idée courante selon laquelle les pratiquants de ces activités cherchent à « avoir des sensations », c'est-à-dire à les appréhender, les intensifier et les enrichir [1]. Pour le formuler encore autrement, il convient d'envisager sérieusement l'idée que la subjectivation à l'œuvre dans les pratiques physiques sportives relève au moins autant d'une discipline de l'action motrice que d'une discipline de la perception et de l'attention. De ce point de vue il apparaît assez clair que l'arrivée de nouvelles pratiques à partir des années 1970 telles quel le Yoga, mais aussi le Qi-gong ou le Taï-chi, dont le nombre de pratiquants a encore connu une nette progression au tournant des années 2000 [2], et qui constituent un nouvel enjeu pour la recherche en STAPS [3], ont eu un rôle déterminant de *révélateur*. Pour autant, et c'est également le parti pris de cette contribution, cela ne doit en aucun nous conduire à oblitérer la dimension perceptive et attentionnelle des activités sportives au sens strict (boxe, football, marathon, escalade), auxquels on *oppose* très souvent ces pratiques d'inspiration orientale,

---

1. De nouveau, c'est délibérément que la distinction n'est pas encore faite ici entre d'un côté un *rapport sportif* à la sensation corporelle, marqué par i) l'intensification et la multiplication des stimuli et ii) une attitude de résistance, et de l'autre côté un *rapport* méditatif ou spirituel de type *yogi* à la sensation corporelle, marqué avant tout par i) une réduction et un adoucissement des stimuli, ii) une discipline d'écoute et d'attention au corps. Nous revenons à la suite sur ces deux « voies » opposées d'intensification des sensations, la voie subjective et attentionnelle de type yogi, la voie objective et stimulatrice de type sportive.

2. D'après un sondage BVA-Arkema, réalisé en mai 2011 sur un échantillon de 1005 personnes pour le nouveau magazine « Esprit Yoga », le Yoga compterait aujourd'hui 1, 3 millions de pratiquants réguliers en France, et 1, 7 millions de pratiquants occasionnels, soit un total de 3 millions. Par ailleurs, aux Etats-Unis le nombre de pratiquants serait passé de 4 millions en 2001 à plus de 20 millions en 2011, d'après un article du New York Times du 5 janvier 2012 (qui en dénonce par ailleurs certains effets néfastes dans le cadre d'une mauvaise pratique).

3. Sciences et techniques des activités physiques et sportives.

réputées « douce », en opposant schématiquement un esprit de compétition et de résistance à la douleur à une discipline de l'écoute et de l'attention à soi.

LE BIEN ÊTRE COMME *QUALE* CORPOREL

Or dans le cadre de cette hypothèse, dont le programme est évidemment considérable, il y a lieu de se pencher sur le problème des *qualia*, appliqué au cas de la proprioception. En effet, dans le cadre d'une recherche visant à déterminer le rôle des pratiques sportives dans la subjectivation de l'individu contemporain, isoler le bien-être et la douleur comme relevant d'un *quale* présente plusieurs intérêts. Le premier est de révéler la spécificité du sport à l'égard d'autres pratiques de construction de soi, y compris corporelles (les pratiques artistiques, de loisir, les pratiques sexuelles). Dans le sport, on multiplie les *qualia* corporels, qui se distribuent en deux grandes catégories : douleur et bien-être. C'est ce qui rend la pratique sportive indélégable. Il y a un bien-être corporel spécifique à la pratique sportive, que vous n'obtenez pas lorsque vous jouez du violon ou lorsque vous bricolez.

Par *qualia*, j'entends le sens standard de propriété intrinsèque de nos expériences sensibles qui est *subjective*, qui est de l'ordre de « l'effet que cela fait » de vivre telle ou telle expérience sensible, par exemple voir la couleur rouge, entendre un accord de piano, ou ressentir la sensation de faim. Partons de l'idée de Dennett qu'un *quale* se définit par quatre caractères : il est a) incommunicable (on ne peut l'appréhender autrement qu'en en faisant soi-même l'expérience), b) intrinsèque (ce n'est pas une propriété relationnelle, liée à l'objet perçu), c) privé (on ne peut comparer un quale qu'on expérimente avec un *quale* de son voisin), et enfin d) directement appréhendé par la conscience (avoir l'expérience d'un *quale*, c'est déjà tout savoir sur lui)[1].

Dans quelle mesure le bien-être correspond à un quale ? Le bien-être, entendu comme sensation de bien-être corporel, semble bien relever de la catégorie de qualia. Il semble correspondre à un « effet que cela fait » dans mon corps, de pratiquer une activité sportive ; on en trouve un indice fort dans le fait qu'il devient un effet *attendu*, et donc une *finalité* de la pratique sportive, qui amène à la redéfinir et la repenser. À partir de là, il s'agit ici de poser deux questions. 1) Faut-il croire à l'existence dans l'activité sportive d'une dimension qui soit absolument intrinsèque et privée, et qui ne soit accessible qu'en première personne ? 2) Si cette dimension existe, quel statut faut-il lui accorder : s'agit-il d'une *perception*, d'un *état intérieur*, ou bien d'une *activité*, ou encore de quelque chose d'autre ? Dans le cadre d'un programme de recherche doctoral qui porte sur la construction d'une subjectivité par l'activité sportive, nous aurions besoin de prouver l'existence de ces *qualia* afin de présenter un argument robuste en faveur du lien entre activité motrice et constitution de soi, et nous aurions besoin que ces *qualia* soient elles-mêmes de l'ordre de l'*activité*. C'est pourquoi nous souhaitons savoir si cela a un sens de parler de *qualia* au niveau proprioceptif de l'action motrice (ou qualia kinesthésiques), et pas seulement au niveau extéroceptif.

En choisissant de parler de *qualia* « corporels », c'est précisément la perspective adoptée par Jérôme Dokic dans un article de 2000 qui s'intitule « Qui a peur des *qualia*

---

1. Dennett, Daniel [1991] *La conscience expliquée*, trad. P. Engel, Paris, Odile Jacob, 1993.

corporels ? », et dont nous allons discuter ici les analyses. Si nous répondons positivement à la première question, en considérant qu'il existe une dimension privée dans le sport, cela se heurte directement à cette déclaration de Dretske : « Pour un matérialiste, aucun fait n'est accessible qu'à une seule personne ». Or il existe une catégorie d'expériences qui semblent posséder certaines qualités intrinsèques : la douleur, l'effort physique ou la sensation de bien-être corporel. Pour l'instant, c'est délibérément qu'aucune discrimination n'est établie entre ces expériences. Car intuitivement, il semble très clair que ces expériences se rangent dans la même catégorie de ce qui n'est accessible *qu'à une seule personne,* celle qui habite le corps où elles semblent localisées. Il y aurait donc là un cas manifeste d'infraction à la déclaration de Dretske. Ces expériences sont particulièrement présentes dans les activités sportives, elles en font l'originalité et l'intérêt. Nous avons la très forte intuition, pour paraphraser Thomas Nagel, que personne ne peut savoir à votre place « l'effet que cela fait » de courir un marathon. C'est quelque chose que vous, et vous seul, devez effectuer vous-même. L'événement du monde « je cours un marathon » semble contenir une dimension privée, à laquelle il n'y a que moi qui puisse avoir accès. Or, dans le cadre d'une théorie matérialiste standard, on est forcé de considérer ces qualités intrinsèques de l'expérience comme des non-faits.

Au lieu d'éliminer purement et simplement les *qualia,* Dretske recommande de ne plus les considérer comme ces prétendues qualités intrinsèques de l'expérience, mais comme des qualités des choses perçues *dans* l'expérience. L'effet que cela fait de courir un marathon n'est alors pas une qualité *de* mon expérience corporelle, mais est une qualité *dans* mon expérience corporelle. Cela revient, autrement dit, à considérer que la perception que nous avons de notre propre corps dans l'effort physique est une perception *objective*, au même titre que la perception objective sensorielle externe, sur le modèle de la vision, du toucher, ou de l'ouïe. Mais alors il faut expliquer quel est l'*objet* de cette perception interne. Ce que répond ici le matérialiste, c'est que l'objet de mon expérience de douleur, lorsque j'ai mal, est un *simple dommage physique*. Avoir mal, pour un matérialiste standard, ce n'est pas autre chose que percevoir un dommage physique dans son propre corps. Mais ce qui ne va pas du tout, dans une telle présentation, c'est que l'on se met à présenter la douleur ou l'effort physique de la même façon lorsqu'il est perçu dans un autre corps, et lorsqu'il est perçu dans le corps propre. Autrement dit, la difficulté est que la théorie matérialiste standard semble incapable de rendre compte de la différence intuitive robuste qu'il y a entre ressentir une douleur *de l'intérieur*, et la percevoir *à l'extérieur*. L'effort de Jérôme Dokic dans cet article est de sauver la théorie matérialiste, en rendant compte dans le cadre qu'elle propose des *qualia* corporels, et sans recourir aux analyses phénoménologiques qui rendent certes beaucoup mieux compte de la différence entre ressentir une douleur et la percevoir dans le corps d'autrui, mais au prix d'une position métaphysiquement très lourde.

La stratégie de Dokic va alors être 1) d'attaquer la thèse matérialiste selon laquelle l'objet intentionnel de l'expérience de la douleur est un simple dommage corporel, puis 2) de proposer un critère matérialiste de distinction opérant entre la conscience corporelle et la conscience externe de la douleur. Et l'article débouche sur les positions suivantes : 1) l'objet intentionnel de l'expérience de la douleur est simultanément deux choses : un dommage corporel, *et* la réponse motrice générée par des « lignes de types » naturelles (argument wittgensteinien de Pears/Hayek), 2) c'est la *réflexivité* qui distingue la conscience corporelle de la conscience externe, au sens où la douleur observée de l'extérieur ne doit rien à l'expérience que j'en ai, tandis que mon expérience de la douleur est ce qui la *constitue* réflexivement, dans le cas de la conscience interne (ma douleur n'existe que par l'expérience que j'en ai).

Nous pensons que la voie que trace Dokic, dans son effort pour rendre compte de la conscience du corps propre avec des outils matérialistes, est extrêmement intéressante. En particulier, il faut souligner le rôle important que Dokic attribue à la *motricité*, au travers de la réponse produite par les « lignes de types » naturelles, dans l'expérience du corps propre – sur laquelle on ne peut décidément que faire contresens, en lui cherchant un objet intentionnel *simple*, par comparaison avec la conscience perceptive externe.

Cependant, il convient de revenir à mon sens sur deux points de l'article de Dokic. Le premier point est que Dokic part du principe que la *douleur* est paradigmatique des qualia corporels[1]. Il y a lieu à mon avis d'interroger cette réduction, et de voir ce que nous enseigne spécifiquement le qualia corporel du bien-être. Le deuxième point est que Dokic attribue un rôle important aux réponses *motrices* associées à la douleur, dont il a besoin pour contrer la thèse matérialiste selon laquelle l'objet intentionnel de la douleur n'est qu'un dommage physique, mais il n'envisage pas (car ce n'est pas l'objet de son article) la thèse plus radicale et en même temps plus simple selon laquelle le véritable objet intentionnel des qualia corporels comme la douleur ou la sensation de bien-être n'est *que* certaines réponses

---

1. J. Dokic, « Qui a peur des *qualia* corporels ? », art. cit.

motrices. Nous allons maintenant aborder successivement ces deux points, puis proposer une solution avec la catégorie des actions indélégables.

DIFFÉRENCE ENTRE LES *QUALIA* CORPORELS
DE LA DOULEUR ET DU BIEN-ÊTRE

Toute l'argumentation de Dokic repose sur l'idée que le cas de la douleur est représentatif de tout qualia corporel. Il s'inscrit en cela dans une longue tradition, qui remonte au moins à Wittgenstein [1]. Il y a lieu d'interroger ce principe et cette réduction le cas de la douleur subie est beaucoup plus différent qu'on ne le pense du cas de l'effort sportif, ou du bien-être en tant que sensation corporelle. Quelle dimension des *qualia* corporels perd-on avec cette réduction ?

Que désigne-t-on exactement sous le terme de « bien-être », dans la pratique sportive ? Ici, il ne s'agit pas du « sentiment général d'agrément et d'épanouissement suscité par la pleine satisfaction des besoins du corps et de l'esprit » [2], mais de la simple sensation physiologique qui peut concourir à ce sentiment général. On parle donc ici du bien-être comme d'une *sensation corporelle*, au même titre que la sensation de faim, de soif, ou de douleur. La différence fondamentale avec le bien-être comme *sentiment* tient au fait que ce dernier contient presque un jugement, le jugement spontané qu'il y a adéquation entre l'*état* actuel du corps et une certaine *idée* de celui-ci. Comme il semble difficile de parler ici de *jugement*, disons plutôt que le

1. L. Wittgenstein, *Recherches philosophiques*, Paris, Tel-Gallimard, 2014.

2. C. Guibet-Lafaye, « Bien-être », article du *Dictionnaire du corps*, M. Marzano (dir.), Paris, P.U.F., 2007.

bien-être comme sentiment requiert en tout cas un éclairage, il mobilise une réflexion intellectuelle qui conclut à une forme d'accord. La notion d'accord, ou d'harmonie, est centrale dans le bien-être comme sentiment. En revanche, le bien-être comme sensation corporelle est l'effet produit dans le corps par une activité conforme aux besoins naturels. Faut-il alors parler de « plaisir », plutôt que de « bien-être » ? Non, car la catégorie de bien-être recouvre un cas bien précis, qui

QUALIA CORPOREL ET MOTRICITÉ :
LE BIEN-ÊTRE COMME *ACTIVITÉ*

La deuxième limite est que Dokic attribue un rôle important aux réponses *motrices* associées à la douleur, dont il a besoin pour contrer la thèse matérialiste selon laquelle l'objet intentionnel de la douleur n'est qu'un dommage physique, mais il n'envisage pas (car ce n'est pas l'objet de son article) la thèse plus radicale et en même temps plus simple selon laquelle le véritable objet intentionnel des qualia corporels comme la douleur ou la sensation de bien-être n'est *que* certaines réponses motrices. L'idée que nous suggérons ici est, dit en termes simples, que ce qui fait qu'il y a une part irréductiblement privée dans la masse d'expériences que nous offre notre rapport au monde ne tient pas à notre façon de le voir, mais à notre façon de réagir à lui en termes moteurs. Il s'agit donc de considérer que les *qualia* corporels, les qualia liés à la conscience interne que nous avons de notre propre corps, relèvent moins d'une expérience sensorielle que d'une expérience motrice et pratique. Si Dokic considère très justement que le cas des qualia corporels requiert un traitement *spécial*, et pose des difficultés *spécifiques* au partisans de la théorie matérialiste standard, c'est en réalité qu'il ne faut pas les traiter comme une autre espèce de perception, relevant du même genre que la perception objective externe, comme le soutient Dokic. Autrement dit, l'intérêt à mon avis est de remédier au point problématique de présenter un objet intentionnel qui est double, et que Dokic n'envisage jamais comme problématique.

La sensation d'effort ou la sensation de bien-être que j'ai lorsque je cours un marathon ou que je joue un match de handball sont-elles des perceptions objectives ? Ou bien s'agit-il de simples saisies introspectives ? Si nous disons qu'il s'agit d'une perception objective, nous devons décrire quel est l'objet intentionnel de l'effort ou du bien-être. Dokic nous offre les ressources pour répondre :

Tout l'intérêt de la thèse phénoménologique du corps propre c'est qu'elle fournit une explication très forte de la dimension *subjective* car incarnée et située de toute expérience perceptive. Le matérialisme ne parvient pas à rendre compte de la différence fondamentale qu'il y a entre courir un marathon, et observer quelqu'un courir un marathon.

Ainsi, nous avons essayé de montrer 1) que certains faits ne sont accessibles qu'à une seule personne, 2) que l'identification de ces faits nécessitent de recourir à la réponse motrice, et que 3) c'est en multipliant les occasions de ces réponses motrices que l'on aboutit à une augmentation de la sensation de bien-être. L'objectif est de parvenir à une définition holiste, externaliste du bien-être (comme de la douleur) qui est : l'augmentation des réponses motrices. Il existe un « sol naturel de liens préréflexifs entre la perception et le comportement », et l'augmentation de ces liens est ce qui produit le bien-être. L'originalité du sport est qu'il refabrique ces liens préréflexifs, au sens d'une seconde nature. Mais comment cela est-il possible ? Comment un domaine d'activité aussi artificiel que les pratiques sportives peut-il produire le bien-être, comme plein épanouissement ?

« Suivant Pears, les qualités accessibles au sujet d'une expérience consciente sont différenciées les unes des autres par des réponses [motrices] naturellement associées à certaines stimulations sensorielles. L'idée est que des éléments perçus qui diffèrent sur le plan phénoménal doivent correspondre à des réponses publiquement observables différentes. » Pour Dokic, l'objet intentionnel de l'expérience de la douleur [qu'il tient dans cet article pour paradigmatique de la conscience corporelle] est plus qu'un simple dommage physique : il inclut ou du moins survient sur les réponses motrices naturellement associées à celles-ci. En clair, lorsque j'ai mal, ce que je perçois en réalité c'est à la fois et en même temps le stimulus émis par certains nocicepteurs, et le fait que j'adopte une réponse motrice appropriée (retirer ma main du feu). Si d'un point de vue physiologique, c'est-à-dire neurologique, ces événements ne sont pas synchrones, du point de vue intentionnel il s'agit du même objet. Or ce que souligne très bien Dokic, c'est qu'il est possible que l'attention consciente, et donc avec elle une forme de modification *culturelle* ou en tout cas contextuelle s'introduise dans ce qui est physiologiquement distincts mais intentionnellement joints. Dokic cite l'exemple que Merleau-Ponty donne dans *La structure du comportement :* lorsque je me brûle avec une tasse de café, je peux dans un contexte domestique la lâcher brusquement, et dans un autre contexte, par exemple lors d'une réunion professionnelle, la reposer très maladroitement. Pour nous ici, ce point est capital car il montre qu'une activité sportive, une pratique corporelle culturellement construite, peut venir se greffer sur les « lignes de types » naturelles. Et c'est précisément à partir de cette considération que le bien-être devient un enjeu pour les STAPS.

LA CATÉGORIE DES ACTIONS INDÉLÉGABLES

C'est la raison pour laquelle nous parlons ici de la catégorie des actions indélégables. Il s'agit par ce terme de parler du caractère spécifique de certaines actions, qu'il est absurde ou impossible de faire faire à quelqu'un. En un premier sens faible, une action sera dite grammaticalement indélégable s'il est simplement *absurde* de la faire faire à quelqu'un ; par exemple, faire courir un marathon à quelqu'un. Ce qu'il faut comprendre, ce n'est évidemment par qu'il est nécessairement absurde de pousser un ami à courir un marathon, car ce n'est même pas absurde du tout la plupart du temps. Ce qu'il faut comprendre, c'est que l'événement « courir un marathon » contient une dimension privée qui est essentielle ; et si vous ne le courez pas vous-même, vous perdez semble-t-il beaucoup, voire la totalité, de ce qui fait que « courir un marathon » est « courir un marathon ». Il faut bien voir aussi qu'à partir du moment où l'on parle de *qualia*, on ne se situe pas du tout sur le plan émotionnel ou affectif. Le propos ici ne porte pas sur des « émotions uniques » que véhicule le sport, mais sur une dimension inhérente à toute proprioception liée à des sensations corporelles. D'ailleurs il y a un très fort partage social des émotions dans les rencontres sportives, qui en est même un trait essentiel, et qui montre bien qu'elles n'ont rien de privées. Sur le plan grammatical, l'existence d'actions indélégables ne semble pas problématique. Voyons maintenant ce qu'il en est sur le plan physiologique.

En un second sens fort, une action sera dite absolument indélégable s'il est *impossible* de la faire faire à quelqu'un. Or il est tout à fait pensable qu'aucune action absolument indélégable n'existe réellement. C'est très probablement ce que soutiendrait le partisan d'une théorie matérialiste standard. « Pour un matérialiste, aucun fait n'est accessible qu'à une seule personne » [1].

CONCLUSION

Nous étions partis des deux questions suivantes : 1) Faut-il croire à l'existence dans l'activité sportive d'une dimension qui soit absolument intrinsèque et privée, et qui ne soit accessible qu'en première personne ? 2) Si cette dimension existe, quel statut faut-il lui accorder : s'agit-il d'une *perception*, d'un *état intérieur*, ou bien d'une *activité*, ou encore de quelque chose d'autre ?

Nous pouvons donc répondre à présent : 1) oui il existe une dimension privée, cependant il n'existe pas d'action absolument indélégable, mais simplement une dimension indélégable des actions. Une action ne peut être dite pleinement indélégable que d'un point de vue grammatical. 2) Cette dimension ne relève pas d'une perception ou d'une introspection mais d'une activité motrice. En clair, le bien-être est une expression qui prête à confusion en son sens de sensation corporelle, car elle tend à se présenter comme un état intérieur, comme la conscience en est un, alors que ce que ces analyses suggèrent est qu'il s'agit d'une *activité motrice*.

---

1. F. Dretske, *Naturalizing the Mind*, Cambridge, MIT Press, p. 65.

TABLE DES MATIÈRES

Achevé d'imprimer le 14 octobre 2019 par *La Manufacture - Imprimeur* – 52200 Langres
Imprimé en France – N° d'imprimeur : 191502 – Dépôt légal : octobre 2019